왜
세계의
가난은
사라지지
않는가

유엔인권자문위원이
손녀에게 들려주는
자본주의 이야기

왜
세계의
가난은
사라지지
않는가

장 지글러 지음
양영란 옮김

시공사

손주들 모두에게 이 책을 바친다.

일러두기 _____

1. 옮긴이 주는 '옮긴이'로 별도 표시하여 지은이 주와 구분하였습니다.
2. 환율은 이 책의 초판 출간 시점인 2019년 1월을 기준으로 적용하였습니다.
3. 이 책에서는 저자의 의도에 따라 부유하고 힘 있는 나라들을 '북반구'로, 가난하
고 힘없는 나라들을 '남반구'로 지칭하고 있습니다. 해당 단어들이 지리적인 의미로
사용된 것이 아님을 알려드립니다.
4. 이 책의 부록에는 저자가 프랑스 언론사 〈라 부아 뒤 노르〉와 진행한 인터뷰가 실
려 있습니다. 〈라 부아 뒤 노르〉는 1941년 창간되어 프랑스 북부에서 발행되고 있는
지역 일간지입니다.

지상에서 고통 가운데 사는 그대여
그대는 자신의 존재가 지닌 모든 힘을 깨워야 한다
복종이란 인간에게 중대한 전염병이다
어느 누구가 단 한 번만이라도
자기 자신의 주인이 되어보고 싶지 않겠는가

베르톨트 브레히트Bertolt Brecht, 〈갈릴레이의 삶La Vie de Galilée〉

추천의 말

"세계의 절반이 굶주리는 현실에 분노했던 장 지글러가, 이번에는 불평등을 야기한 야만적인 자본주의 시스템을 해부한다. 자유의 개념을 오용한 역사를 폭로하고 현재 금융 권력의 포악스러움을 정공법으로 비판한다. 지금도 비용 절감, 이윤 증가라는 이유로 사람이 노동하다 죽는 일이 허다한 현실에서, 자본주의를 세련되게 가꾸는 수준이 아닌 '과격하게 파괴'하자는 그의 주장은 결코 공허하지 않다. "자본주의 사회는 어쩔 수 없다"면서 눈앞의 불평등을 외면한 채, 무소불위의 사유재산 개념이 만들어놓은 나쁜 덫에 갇혀 살아가는 한국인들의 필독서다." _오찬호, 사회학자·《우리는 차별에 찬성합니다》 저자

"과연 이 세상은 '꽃보다 아름다운' 사람들이 모여 있는 꽃밭일까? 그렇다면 더할 나위 없이 좋겠지만, 우리가 살고 있는 세계에는 꽃밭뿐 아니라 시궁창도 엄연히 존재한다. 세상을 제대로 알고 제대로 살아내기 위해서는 보고 싶은 것만 보아서는 안 된다. 세상을 있는 그대로 받아들이는 눈과 귀가 필요하다. 이 책에서 할아버지 장 지글러는 손녀 조라가 자본주의를 있는 그대로 보고, 자본주의로 인해 고통받는 사람들의 목소리를 있는 그대로 듣기를 원한다. 손녀가 좀 더 나은 세상에서 살기를 기대하기 때문이다. 후세대를 사랑한다면, 아니 사랑하기 때문에 우리는 그들에게 이 세상의 불편한 진실을 감추지 말고 이 책을 통해 제대로 알려주어야 한다."
_노명우, 사회학자·《세상물정의 사회학》 저자

"장 지글러는 결코 지칠 줄 모르고, 자신들의 목소리를 내지 못하는 자들을 굳건히 지지하는 사람이다."
〈르 주르날 뒤 디망슈Le Journal du Dimanche〉

"전前 유엔 식량특별조사관이자, 세계의 기아와 인류를 향한 범죄에 맞서 싸우며 전 세계의 주목을 받는 인물의 책."
〈라 부아 뒤 노르La Voix du Nord〉

"이 책은 장 지글러의 최후의 투쟁이다." _〈르 수아Le Soir〉

"유엔에서 얻은 20년 동안의 경험을 바탕으로, 자신의 손녀 조라와 대화하는 형식을 통해 이 지구에 만연한 자본주의의 '식인 풍습'을 정확히 묘사하는 책." _〈뤼마니테l'Humanité〉

"결코 포기할 줄 모르고, 같은 문제를 끊임없이 두드리는 사람. 그는 우리가 '고작'이라고 생각하는 것들이 모여 언젠가 공동의 메시지를 만들어내기를 기대하고 있다. 희망은 삶을 이어지게 하는 법이다."
〈트리뷘 드 즈네브Tribune de Genève〉

이 책이 한국어로 출판된다니, 무척 기쁘고 영광스럽다. 나는 많은 한국인들이 야만적인 자본주의와 그것이 세계에 강제해온 식인적이고 비인간적인 질서에 대항하여 벌이는 투쟁에 대해 깊은 존경을 표한다.

국가 차원을 초월하는 소수 집단이 형성되어 그들이 엄청난 부를 독점하는 행태는, 한국에서 특히 두드러지는 양상을 보였다. 이 때문에 2018년 11월 1일, 국회에서 2019년 예산을 설명하는 자리에서 문재인 대통령도 다음과 같이 말했다. 국민이 밤낮없이 일한 결과 겨우 반세기 만에 번성한 나라, 경제 대국을 세웠지만 (양극화는 심해졌고) 함께 얻은 성공의 과실은 소수에게만 돌아갔다고 말이다.

세계 12위 경제 대국인 한국은 지구상에서 가장 활력 있고, 가장 용기 있으며, 가장 효율적인 시민 사회 가운데 하나로 우뚝 섰다. 이 시민 사회가 독재 정치를 무너뜨리고 민주주의를 정착시켰다. 바로 1980년 광주에서 말이다. 수천 명의 노동조합원들, 학생들, 근로자들이 남녀노소 구별할 것 없이 자신의 목숨을 아낌없이 바쳐 역사를 만들지 않았는가? 이러한 한국의 시민 사회는 우리에게 커다란 희망을 보여준다.

하지만 한국 국민들은 독점 자본주의 체제로 인한 압박감을 고스란히 짊어지고 있다. 인구 10만 명당 자살하는 사람 수가 25명이라는 슬픈 기록은 OECD 소속 국가, 즉 산업 선진국 집합체에서 가장 높은 자살률에 해당된다. 10만 명당 10명을 넘어서게 되면 세계보건기구에서는 이를 '전염병'이라고 진단한다. 그런데 한국의 경우 20세에서 40세까지의 연령층에서 자살이 첫째 가는 사망 원인일 정도다.

쿠바의 혁명가 체 게바라Che Guevara 는 "가장 탄탄한 벽도 자그마한 균열들로 인해 무너진다"고 말했다. 나는 현재 한국의 사회 운동, 노동 운동이 벌이고 있는 놀라운 투쟁이 인류로 하여금 세계화된 소수 금융 자본 지배자들의 독재를 무너뜨리고, 모든 인간들을 위해 보다 정의롭고 보다 행복한 전 지구적 시민 사

회로 가는 길을 여는 데 강력하게 도움을 주리라고 믿어 의심하
지 않는다.

2019년 1월, 제네바에서

장 지글러

자본주의는 인명을 앗아간다

I

코로나바이러스감염증-19(코로나19)가 유럽에 몰아닥친 기간 동안(2020년 3월 1일부터 5월 30일까지), 세계화된 금융자본주의가 추구하는 두 가지 고유한 전략인 생산비 원가 비교 법칙과 이익 최대화 원칙은 인명살상적인 면모를 노골적으로 드러냈다. 유럽에서 봉쇄가 완화된 이 시점까지 코로나19로 인해 전 세계에서 37만 5,000명이 넘는 사망자가 발생했는데, 이들 사망자를 나라별로 보면 미국에서는 거의 10만 명에 육박하며 영국은 3만 6,000명, 이탈리아는 3만 2,000명, 프랑스는 2만 8,000명, 스페인은 2만 6,000명, 브라질은 2만 3,000명으로 집계된다. 유럽의 희생자들은 주로 혼자 거동하지 못하는 노인들이 생활하는 요양원(프랑스에서는 이런 시설을 EPAD로 부른다)과 병원에서 대거 발생했다.

이 글을 쓰는 현재 프랑스의 상황을 보자면 2020년 3월 1일 이후 사망자는 2만 8,714명으로, 1만 8,387명은 병원에서, 1만 327명은 EPAD에서 죽음을 맞이했다. 코로나19로 인해 자택에서 숨을 거둔 사람들에 대해서는 아직까지 믿을 만한 통계가 나와 있지 않다.* EPAD에서 맞은 임종은 대체로 매우 가혹했다.

파리 교외 몽트뢰유의 한 EPAD에서 간호조무사로 일하는 마야(가명)의 증언을 들어보자. "나는 마스크도 방호복도 없는 동료들이 코로나19 감염자들의 방에 들어가기를 거부하는 모습을 보았습니다. 그러니 요양원에 체류하는 사람들은 약도 음식도 제공받지 못하는 고립 상태에서 살아야 했죠. 간호사들마저도 그 환자들 머리맡에서 제대로 된 치료를 해주려 하지 않았어요."**

이 시설에 체류 중인 환자들 가운데 상당수는 평소와는 달리

---

* 〈르몽드〉 2020년 6월 1, 2일.
** "EPAD, 예고된 재앙의 해부EPAD, autopsie d'une catastrophe annoncée", 〈르몽드〉 2020년 5월 7일.

시중 들어주는 사람 없이 혼자 식사를 해야 했다. 마스크와 방호복, 위생모자의 결핍 때문에 치료 담당자들이 환자들에게 접근하기를 기피하면서, 환자들은 제대로 된 치료를 받지 못하는 고통과 더불어 식사도 제대로 하지 못하는 기아의 괴로움까지 감내해야 했다.

II

유럽에서, 대다수의 병원은 놀랄 만큼 신속하게 운영 방식을 재정비했다. 응급처치 전문의, 간호사, 간호조무사, 청소 담당자, 구급차 대원, 조제 책임자, 배송 담당자 들은 힘을 합해 매 순간 건강의 위협을 무릅쓰고 감염 환자들 치료에 헌신했으며, 그 결과 칭찬 받아 마땅한 성과를 얻어냈고 지금도 묵묵히 환자들을 돌보고 있다. 그러나 4월 중순 무렵부터는 적지 않은 중환자실에서 불안감이 고조되었다. 심폐 소생에 필수적인 약물 비축분이 빠르게 소진되어 가고 있기 때문이었다. 특히 튜브를 삽입한 채 인공적인 혼수상태에 놓인 환자들에게는 반드시 필요한 약물이기 때문에 상황은 심각했다.

그래서 많은 응급센터에서는 언제라도 필연적으로 약물 부족

사태가 일어날 수 있는 형편이었다. 무엇보다도 의식불명 환자들에게 사용하는 마취제 프로포폴과 이소플루란, 환자들을 진정시키는 데 사용되는 모르핀계 진통제 서펜타닐, 쿠라레(알칼로이드 계열의 신경독), 미다졸람 등의 약품들이 특기할 만했다.

다른 여러 나라들과 마찬가지로 독일도 의약품 결핍이라는 초유의 사태로 인한 불안에서 예외가 아니었다. 4월 초, 다국적 제약회사 박스터는 독일 연방정부의 보건부 의약품과 의료기기분과 연구소에 일시적으로 이소플루란과 프로포폴을 공급할 수 없는 상태임을 알렸다. 이 회사는 고객들에게 "4월 한 달간 이 제품들을 주문하지 말아줄 것을 정중하게 요청"하는 편지까지 보냈다.*

인공호흡 처방, 다시 말해서 인공호흡기를 달거나 환자를 인공적 혼수상태에서 유지하기 위해서 반드시 필요한 주요 의약품들은 아시아에서 제조된다. 가령, 인공 쿠라레는 주로 인도에서 합성되며, 마취과 의사들이 사용하는 약품들은 중국과 인도 등지에서 제조되는 식이다. 전 세계 제약업계를 지배하고 있는 몇몇 다국적 기업들은 주주들에게 최대 이익을 배당해주기 위해서 이미 오래전에 생산 거점의 상당 부분을 아시아로 옮겼다.

---

* 〈슈피겔Der Spiegel〉 2020년 4월 11일.

중국에서는 파업이 범죄에 준하는 행위로 간주되며 독립 노동조합 같은 건 존재하지도 않으므로, 근로자들은 시키는 대로 죽어라 노동할 수밖에 없다. 이러한 사정은 적어도 서류상으로는 민주국가로 되어 있는 인도도 별반 다르지 않다. 인도 근로자들의 급여는, 분야에 따라 다르기는 하나 서유럽에서 같은 일을 하는 근로자들의 급여에 비해서 3~5배가량 낮다.

몽트뢰유에 있는 EPAD에서 나이 든 입소자들은 코로나19에 감염된 채 배고픔으로 죽었고, 약을 쓰지 못해서 죽었다. 독일, 이탈리아, 스페인, 러시아, 미국, 브라질의 크고 작은 각급 병의원에서 얼마나 많은 환자들이 마취와 연명 치료에 필요한 약이 모자라서 끔찍한 고통 속에서 숨을 쉬지 못해 죽어가는 지옥을 경험했을까? 그 질문에 대한 답은 앞으로도 아무도 알 수 없을 것이다.

생산비의 원가 비교라는 자본주의 법칙이 그들을 죽였다.

팬데믹의 첫 번째 유행에 당면하여, 유럽의 선진 산업국가들을 비롯한 미국, 남아메리카의 여러 나라, 러시아 등은 자신들이 아시아로 이전한 생산 기지에 전적으로 의존할 수밖에 없는 처지임을 뼈아프게 깨달아야 했다.

III

자, 이번에는 마스크 이야기를 해보자. 팬데믹과 맞서기 위해서는 마스크 착용이 요구된다. 그런데 의료 인력들에게, 아니 보다 일반적으로 유럽 주민 모두에게 마스크를 손에 넣는 일은 거의 블랙 코미디에 가깝다. 프랑스를 예로 들어보자.

2020년 2월 16일, 올리비에 베랑Olivier Veran은 프랑스 보건부 장관에 취임한다. 취임일로부터 며칠 지났을 때 그는 상원에서 다음과 같이 선언한다. "2000년, 이 나라에는 10억 장의 마스크가 비축되어 있었습니다. 그런데 내가 장관 업무를 시작할 무렵에는 1억 5,000만 장밖에 없더군요. (…) 마스크라는 한 가지 관점에서 보자면, 우리는 9년 전에 내려진 결정을 준수해가면서 공중보건 위기에 대비하는 나라가 아니었습니다."*

그 사이에 무슨 일이 일어난 걸까? 어느 당이 정권을 잡건, 프랑스 공화국은 신자유주의 이데올로기에 의해 망조가 들었던 것이다.

10년 전만 하더라도 국가는 전략적 비축분이라는 명목으로 10억 장이 넘는 FFP-2 유형(숨 쉬기가 조금 더 편안해서 의료 인력들이 주로 사용하는 마스크)의 수술용 마스크를 쌓아두고 있었다. 하

---

* 〈르몽드〉 2020년 5월 8, 9일.

지만 그러자니 돈이 많이 들었다. 게다가, 이 비축분은 5년마다 갱신할 의무가 있었다. 자본주의 논리는 정치 지도자들로 하여금 전략을 수정하도록 부추겼다. 정계 인사들이 나서서 '플뤽스flux', 즉 흐름이라는 개념을 도입한 것이다. 이들은 '휴면 계약'이라는 형태로 중국 기업에 마스크를 주문했다. 휴면 계약이란 말 그대로 필요할 때만 활성화되는 계약이다. 그 결과 팬데믹 초기에, 그리고 첫 유행이 계속되는 기간 내내 프랑스는 마스크에 있어서는 거의 전적으로 중국 제조업자들의 처분만 기다리는 딱한 신세였는데, 안타깝게도 중국 제조업자들마저 제때에 마스크를 공급해줄 수 없는 형편이었다.

따라서 당시 프랑스 총리였던 에두아르 필리프Edouard Philippe는 2020년 3월 중순까지도 마스크 착용이 코로나19 바이러스 퇴치에 거의 아무런 역할도 하지 못한다는 궤변을 늘어놓는 꼴을 보였다. 그러나 그로부터 두 달 후, 정부는 손바닥 뒤집듯 이와 정반대의 이야기를 하기 시작했다. 대중교통을 이용하거나 상점 또는 공공장소에 들어갈 때 마스크 착용을 의무화한 것이다.

IV

중국으로부터 마스크를 공급받는 건 민간 구매자와 공공 구매자 모두에게 가히 전쟁을 치르는 것만큼이나 힘겨운 일이다. 마스크 시장은 한마디로 혼돈 그 자체다. 그 시장에는 공갈범과 사기꾼 들이 득실거린다. 지구상에서 가장 강력한 나라라는 미국조차도 협박과 위협을 통해야 소중한 일회용 마스크, 방호복, 위생모자, 위생신발, 방호안경 등을 얻을 수 있다.

2020년 초, 미국의 트럼프 대통령은 제2차 세계대전 무렵으로 거슬러 올라가는 해묵은 법령을 되살려냈다. 국가방위보호법이라는 이름의 이 법은 워싱턴 행정부가 국가의 안위를 위해 중요하다고 판단하는 모든 재화의 선적을 압류할 수 있도록 규정하고 있는데, 트럼프는 이 법을 강력하게 집행했다. 예를 들어, 브라질 바이아주 주지사 후이 코스타Rui Costa의 요청을 받은 무역업자들은 3월 초 중국의 한 기업으로부터 600개의 인공호흡기(뉴포트 HT7-플러스 유형)를 구입했고 그 기기를 실은 화물기가 마이애미에 잠시 중간기착했는데, 미국 정부가 이때 이 항공기에 선적된 화물을 모두 압류했다. 3월 중순에 세계무역기구가 나서서 회원국들에게 국제무역이 지향하는 투명성 규정, 차별방지 규정을 준수하라고 경고했으나, 소용없는 짓이었다.

화물 압류, 계약 파기, 사기, 협박과 위협은 보란 듯이 여전히 계속되고 있다. 브라질은 미국에 이어서 가장 참담하게 팬데믹의 직격탄을 맞은 나라다. 브라질의 보건부 장관 루이스 엔히키 만데타Luis Henrique Mandetta는 중국에 마스크 2억 장을 주문하고 대금도 미리 지불했다. 3월 중순에 그가 주문한 마스크는 중국의 한 공항에서 아르헨티나로 떠날 참이었는데, 그때 미국 화물기 23대가 창공에 나타났다. 그 화물기에 타고 있던 업자는 그 자리에서 훨씬 비싼 가격을 제시하며 화물을 다른 곳으로 빼돌리라는 협상에 나섰다. 중국 기업가는 더 큰 돈을 벌 수 있겠다는 계산에서 브라질과 맺은 계약을 파기했고, 이로써 마스크 2억 장은 미국으로 날아갔다.

캐나다, 프랑스, 그 외 다른 여러 나라들이 지금도 잊어버릴 만하면 여전히 계약 파기뿐만 아니라 마스크를 비롯한 각종 일회용 보호장비, 의료기기, 호흡기기 빼돌리기 등의 불공정 행위를 호소하고 있다. 이스라엘은 특수 비밀공작을 담당하는 정보기관 모사드의 요원들을 동원해서 마스크 및 의료 물품 확보에 나섰다.

이렇듯 인정사정 보지 않는 무역 전쟁 속에서 몇몇 나라들은 뚜렷하게 우위를 점유하고 있다.

독일의 예를 보자. 앙겔라 메르켈Angela Merkel 총리는 중국 시진 핑Xi Jinping 주석과의 전화 통화 한 번으로 루프트한자 항공기가 상하이와 프랑크푸르트 사이에서 화물을 공수하는 허가air bridge 를 얻어냈다. 독일은 이렇게 함으로써 돈을 더 많이 내겠다는 구매자로 인한 계약 파기와 대금 지불이 끝난 화물의 우회를 막 을 수 있게 되었다.

이들보다 훨씬 가난하지만 똑같이 중국(또는 인도)에 목을 매 야 하는 다른 나라들에게 의약품, 호흡기기, 마스크의 가격 인 상은 자연재해에 버금가는 또 다른 재앙이다. 바이아주 정부가 중국에 주문한 유형의 인공호흡기 가격은 이번 팬데믹 이전에 는 한 대당 700달러 선이었다. 그런데 2020년 4월, 중국에 같은 물건을 주문한 이탈리아 정부는 한 대당 2만 5,000달러라는 청 구서를 받았다.

다른 지역보다 특히 유럽 측으로부터 주문이 쇄도하자 중국 에서조차 배달 절벽이 현실화되고 있으며, 원자재 또한 부족 한 형편이다. 더구나 화물기에 실을 공간이 부족한 관계로 물 건들이 몇 주 동안 계속 중국 공항에 쌓여 있는 경우도 비일비 재하다.

팬데믹에 대항하기 위한 가장 기초적이면서 필수적인 수단을 손에 넣기 위해서 유럽, 미국, 아프리카 국가들이 전적으로 중국과 인도에 의존해야 하는 현실이 호흡 곤란으로 인한 수만 명의 사망이라는 참담한 비극을 낳았다.

V

내가 이 글을 쓰고 있는 지금 이 순간, 코로나19의 두 번째 유행이 지구상의 6대륙에 다시 몰려올지 아닐지는 아무도 모른다. 아무도 코로나19에 대해서 확실하게 알지 못한다. 어디에서 왔는지, 중장기적으로는 어떻게 확산될지 등을 전혀 모른다는 말이다. 코로나19는 마스크로 얼굴을 가린 살인마다. 정체를 알 수 없는 살인자. 인류는 지금까지 무방비 상태로 놈에게 던져졌다. 코로나19에 대항할 수 있는 백신이나 치료제는 아직 세상 밖으로 나오지 않았다.

그래도 한 가지만은 확실하다. 바이러스와의 전쟁에 있어서 자본주의적 전략은 완전 패착이었다는 사실이다.

지난 몇 세대 동안, 세계화된 금융자본의 과두정치는 국가를 와해하고, 무장해제시키고, 집단의식 속에 소외를 심어주는 데 성공했다. 그러나 팬데믹 앞에서 그들의 전략이 무더기로 인명을 살상했음이 드러나고 있다.

그렇다면 어떻게 해야 할까? 마스크로 얼굴을 가린 살인마 바이러스가 되돌아오기 전에 한시바삐 무엇을 해야 한단 말인가? 건강(그리고 섭생) 부문에 있어서 국가의 절대적인 권리와 의무를 재확립하는 일이 시급하다. 공중보건 분야는 국토방위와 공공치안과 마찬가지로 전략이 필요한 분야임을 천명해야 할 것이다.

이 분야에 대한 공공 투자(연구, 병원 설비, 의료 인력 급여, 노인 요양 시설의 의료 설비 보완)를 대대적으로 늘려야 한다. 더는 병원 폐쇄, 의료 인력의 과도한 착취가 계속되어서는 안 된다. 인간의 생명과 가장 밀접한 관계를 맺고 있는 분야를 대상으로 하는 긴축재정 정책은 당장 바뀌어야 한다. 회원국의 재정적자가 3퍼센트를 넘어서지 못하도록 못박아둔 유럽연합의 규정은 삭제되어야 한다.

건강이라는 공공부문의 다중의존성에 종지부를 찍고 신속하게 의학 연구와 의료진 급여용 예산을 증액하고 병원 설비 비용을 마련하고, 마스크와 생명 유지를 위한 약품 비축분을 확보하기 위해서 국가는 빚지는 것을 받아들여야 한다.

다시 한 번 반복해서 말하건대, 건강 부문에 투자가 필요하다면 국가채무 증가를 수용해야 한다. 그리고 이 분야의 탈세계화를 신속하게 추진해야 한다. 규제자로서의 역량을 되찾은 국가는 제약 업계의 다국적 기업들로 하여금 그들의 연구 및 생산 시설을 자국으로 이전시키도록 종용해야 한다.

주주들이 아무리 거세게 반발하더라도 국가는 이 기업들의 지분을 확보하거나, 필요하다면 국유화에 나서야 한다.

VI

코로나19는 궁궐에도 오막살이에도 성큼성큼 파고든다. 코로나19는 가난뱅이니 부자니 구별하지 않고 죽음으로 몰아간다. 바이러스에게는 확실한 국경도 없다. 코로나19는 지구상의 30억 명을 집안에 격리시켰다. 이 바이러스는 불안을 야기하고 경제를 황폐하게 만들며 여기저기 죽음의 씨를 뿌린다. 대양 너머에서 일어나는 일이 유럽인들과도 직접적으로 관련이 있다. 세계보건기구는 적어도 인구 10만 명당 5,000개의 병상을 마련해야 한다고 독려한다. 그러나 아프리카 52개국은 인구 10만 명당 평균 1,800개의 병상만 확보하고 있을 따름이다. 아프리카에서는 주민 32.2퍼센트가 심각하고 상시적인 영양실조 상태에 놓여 있다. 달리 표현하면, 전체 인구의 3분의 1에 해당하는 사람들이 심각한 면역력 약화 상태로 살아간다는 뜻이다.

방글라데시 다카 또는 케냐 나이로비의 빈민촌, 상파울루의 달동네에서는 '사회적 거리두기'가 애초부터 불가능하다. 유엔에서 발표한 통계에 따르면, 사하라 사막 이남 아프리카 주민의 35퍼센트 이상이 이른바 '비공식적인' 주거지에 거주하며 수도 꼭지 하나로 1,000명 혹은 경우에 따라 2,000명이 물을 쓰기 때문에 바이러스 확산을 막기 위해 손을 자주 씻는다는 건 꿈같은 헛소리에 불과하다. 세계화된 금융자본의 과두 체제가 부과한 장기 국가 외채는 이들 나라를 짓누른다. 그 외채 때문에 이들 나라는 공중보건 분야에서의 의미 있는 투자라고는 엄두도 내지 못한다. 2019년 12월 31일 기준으로, 소위 제3세계라고 불리는 123개국*의 채무는 도합 2조 1,000억 달러까지 치솟았다. 지구상에서 가장 가난한 이들 나라의 외채를 즉각적으로 완전히 탕감하지 않는 한 코로나19와의 투쟁에서 승리를 거둘 수 없다.

---

*BRICS(브라질, 러시아, 인도, 중국, 남아프리카공화국)를 제외한 남반구의 모든 국가.

VII

워런 버핏^{Warren Buffett}은 내가 이 글을 쓰는 현재 미국의 경제지 〈포브스〉가 뽑은 세계 부자 7위에 오른 인물이다. CNN과 인터뷰에서 그는 기자에게 "네, 계급전쟁이란 게 분명 있긴 있습니다. 그런데 그 전쟁을 주도하는 건 내가 속한 계급, 그러니까 부자 계급이고 현재 우리는 그 전쟁에서 승리를 거두고 있습니다"라고 말했다.**

우리는 서둘러서 이 역학 관계를 전복시켜야 한다. 자본주의는 인명을 앗아간다. 팬데믹과의 전쟁에서 승리를 거두기 전에 우리는 세계화된 금융자본의 과두 체제가 군림하지 못하도록 이를 무너뜨려야 한다.

2020년 6월
장 지글러

** 〈뉴욕 타임스〉 2006년 11월 26일자에 인용된 CNN 2005년 5월 25일자 인터뷰.

차례

1

자본주의가
불러온 재앙

얼마 전에 있었던 일인데요. 저녁 때 엄마가 완전히 흥분해서 전화를 하더니, 할아버지가 텔레비전에 나온다는 거예요. 그때 할아버지는 얼핏 보기에 아주 점잖아 보이는 아저씨와 자본주의에 대해 토론을 벌이고 있었는데, 두 분은 어떤 주제에 대해서도 의견이 일치하는 법이 없더라고요. 하지만 저는 두 분의 논쟁이 어떤 내용인지 거의 이해하지 못했죠. 그래도 할아버지가 상당히 화가 난 것 같다는 감은 잡겠더라고요. 왜 그러셨던 거예요?

   잘 봤구나, 조라Zohra야. 이 할아버지는 그때 무척 화가 나 있었단다. 나와 마주보고 앉아 있던 그자는 페터 브라베크 레트마테^{Peter Brabeck-Letmathe}라고, 네슬레 사의 회장이지. 네슬레 사는 말이다, 전 세계에서 제일 큰 식품 관련 다국적 기업이야. 약 150년 전에 스위스에서 설립되었는데, 오늘날엔 지구상에서 27번째로 큰 기업으로 성장했지.

무엇이 문제인지 모르겠어요. 네슬레에서 나온 초콜릿은 맛만 좋은데! 그리고, 우리 스위스가 전 세계를 상대로 장사를 잘하는 기업을 키워낼 역량이 있다는데, 그게 왜 할아버지를 화나게 한 거죠?

그건 말이지, 브라베크 레트마테가 자기 친구인 네덜란드 출신의 유명한 역사학자, 뤼트허르 브레흐만^{Rutger Bregman}의 이론을 자꾸 들먹였기 때문이야. 이 할아버지는 브레흐만이 역사와 경제를 보는 관점에 반대하는 사람이거든. 그 사람의 생각은 "세계 역사의 거의 99퍼센트에 해당되는 기간 동안 인류의 99퍼센트는 가난해서 배를 곯았으며 불결했고 두려움에 떨었으며, 야만스럽고 추한 데다 질병에 시달렸다. (…) 그러다가 지난 200년 사이에 모든 것이 달라졌다. (…) 우리 가운데 수십억 명은 부자가 되었고, 잘 먹고 청결하며 안전하게 살게 되었다. 심지어 얼굴마저 매우 멀끔해졌다. 우리가 여전히 '가난한 사람들'이라고 부르는 사람들조차 인류 역사상 유례없는 풍족함을 누리고 있다." 정도로 요약할 수 있을 거야.

브라베크 레트마테는 "그러므로 역사적으로 볼 때 자본주의는 인류의 자유와 복지를 보장하며, 지구상에서 가장 정의로운 경제 형태"라고 주장한단다.

그런데 그 주장은 사실이 아닌가요?

전혀 아니지! 오히려 그와 정반대가 사실이라고 해야 할 정도야! 자본주의를 바탕으로 한 생산 방식은 무수히 많은 범죄를 낳았단다. 또한 날마다 수만 명의 어린이들이 영양실조와 굶주림으로 인한 각종 질병에 시달리며 의학이 벌써 오래전에 정복한 전염병들이 돌아오는 바람에 이들이 대량으로 목숨을 잃는 현실에도 책임이 있어. 이것뿐만 아니라 환경 파괴, 토양과 해양 오염, 숲의 파괴 등도 모두 자본주의 생산 방식이 가져온 재앙이란다.

현재 우리의 허약한 지구엔 76억 명이 살고 있는데(2017년 12월 기준─옮긴이), 그중에서 약 48억 명은 소위 '남반구'로 상징되는 가난한 나라들에 거주하고 있고, 그들 가운데 극도로 열악한 환경에서 허우적거리는 사람들만도 수억 명에 이른단다. 자녀를 둔 어머니들은 내일 하루 또 어떻게 아이들을 먹여 살려야 하는지 도무지 길이 보이지 않아 끝없는 불안과 고통에서 벗어나지 못해. 아버지들은 아버지들대로 수모를 당하지. 일자리가 없어서 식구들 식비조차 벌지 못하니 가족들에게 멸시당하기도 하고 말이야. 행정 당국에서는 이들을 이른바 '항구적인 실업자'라는 용어로 분류한단다.

사정이 이러니 어린아이들은 비참한 궁핍과 불안 속에서 성장할 수밖에 없는데, 그러다 보니 빈번한 가정폭력에 무방비 상태로 노출되고 있단다. 요컨대 아름다워야 할 어린 시절이 너무도 자주 풍비박산이 나는 게지. 세계에서 10억 명 가량은(세계은행은 이들을 '극빈자extrêmement pauvres'라고 부른단다) 자유가 존재하지 않는 상태에서 산다고 봐야 해. 이런 사람들에게는 하루하루 살아남는 것만이 유일한 관심사란다.

즉 이들이 저개발로 인한 배고픔과 목마름, 전염병, 전쟁 같은 폐해를 고스란히 떠안게 되는 거야. 이 문제로 해마다 목숨을 잃는 남녀노소의 수가 6년에 걸친 제2차 세계대전이 야기한 사망자 수보다도 많단다. 오늘날 많은 사람들이 '제3차 세계대전'이 진행 중이라고 말하는 것도 다 이런 이유 때문이지.

할아버지 말씀을 제가 잘 알아들었는지 모르겠지만, 듣고 보니 브라베크 회장과 할아버지는 완전히 반대되는 입장이로군요. 아무튼 자본주의의 좋은 점에 대해서도, 나쁜 점에 대해서도 두 분은 의견이 일치할 때가 없더라니까요.

우리 손녀 말이 맞아. 내가 보기엔, 그리고 나와 입장을 같이 하는 모든 사람들이 보기엔 말이지, 자본주의는 지구상에 일종의 '식인 풍습'을 만들어냈단다. 극히 적은 소수를 위한 풍요와 대다수를 위한 살인적인 궁핍이 식인 풍습 아니면 뭐겠니. 나는 그러므로 자본주의를 반대하는 진영에 속하지. 그래서 그 자본주의를 타파하기 위해 싸우는 거고.

그렇다면 이것저것 재볼 것 없이, 그저 자본주의를 완전히 무너뜨리면 되는 건가요?

잘 듣거라, 내가 정말 아끼는 손녀 조라야. 그 질문에 대한 이 할아버지의 대답은 유감스럽게도 그렇게 간단하지가 않구나. 소수의 인간들, 특히 북반구에 살거나 남반구 국가의 지도자급에 속하는 인사들은 19~20세기에 자본주의 체제가 만들어낸 산업혁명, 과학혁명, 기술혁명 등의 멋진 혁명 덕분에 이제껏 아무도 경험하지 못했던 엄청난 경제적 복지를 달성했단다.

자본주의 생산 방식의 특징은 놀라울 정도의 활력과 창의성이지. 가장 강력한 자본 소유주들은 엄청난 금융 수단을 한곳으로 집중시키고 인재를 최대한 끌어모음으로써, 또한 투지와 경쟁을 조장함으로써 전자와 정보, 약학과 의학, 에너지, 항공학, 천문학, 재료공학(경제학자들이 "문젯거리를 만드는 지식"이라고 부르는 것들) 등 최대한 다양한 분야에서의 과학적, 기술적 연구를 통제하고 관리한단다.

그자들은 자기들이 후원하는 연구소와 대학들 덕분에 눈부신 성과를 얻어내고 있지. 특히 생명공학과 유전학, 물리학 분야에서의 성과가 주목할 만하단다. 노바르티스Novartis나 호프만-라 로슈Hoffmann-La Roche, 신젠타Syngenta 같은 스위스 제약회사의 실험실에서는 새로운 분자, 다시 말해서 신약이 매달 만들어지고 있어. 미국의 월스트리트에서는 새로운 금융 상품이 거의 매 분기 출시되고 있고, 농업 분야의 다국적 기업들은 쉬지 않고 생산을 늘려가며, 종자를 다양화하고, 나날이 수익성이 높아지는 비료를 생산해서 수확량을 증가시키며, 이를 방해하는 해충들로부터 농산물을 보호하는 데 효과적인 제초제를 만들어내지. 천체물리학자들은 우리가 사는 별과는 다른 우주, 자기들 나름대로 태양 주변을 도는 천체를 관찰하면서 끊임없이 새로운 태양계 밖 별들을 찾아내고, 자동차 업계에서는 해마다 한층 더 견고하고 빠른 자동차를 생산해내며, 과학자들과 공학자들은 나날이 성능이 좋아지는 위성들을 우주로 쏘아올리고 있어. 이처럼 인간의 삶과 관련된 모든 분야에서 수천 가지 새로운 발명품들이 매일매일 쏟아져 나오지. 이 발명품들은 해마다 세계 지적재산권기구Organisation Mondiale de la Propriété Intellectuelle(OMPI)에 제출되어 재산권을 보호받는단다.

말씀대로라면, 할아버지는 자본주의 생산 방식과 부의 축적 방식의 독창성과 창의력에 놀라신다는 건데….

그렇지, 조라야. 잘 생각해봐. 1992년부터 2002년까지 고작 10년 동안 세계 총생산은 2배 증가했고, 세계 무역량은 3배 증가했어. 한편 에너지 소비는 평균적으로 4년마다 2배씩 증가하지. 새천년이 시작된 이후, 역사상 처음으로 인류는 물자의 풍족함을 누리고 있어. 지구엔 부가 넘친다고. 사용 가능한 물자의 양이 인류에게 꼭 필요한 만큼을 훨씬 뛰어넘는다는 말이야.

그러니까 자본주의는 좋은 거로군요?

자본주의가 만들어낸 세계의 식인 풍습은 뿌리 뽑혀야 하지. 그런데 과학과 기술이 이루어낸 눈부신 성과는 보존되어야 할 뿐만 아니라 더 강화되어야 하기도 한단다. 인간의 노동과 재능, 천재성은 공동의 선, 즉 우리 모두의 공적인 이익을 위해 사용되어야 마땅하지. 소수의 안락과 호사, 권력을 위해서만 사용되어선 안 된다는 말이야.

나중에 할아버지가 새로운 세상, 우리가 꿈꾸는 그 세상은 어떤 조건을 충족하면서 실현되어야 하는지 말해주마. 그러니 지금은 우선 자본주의라고 하는 것이 어디에서 왔는지부터 설명하기로 하자.

2

수백 년 묵은
투쟁의 역사

할아버지, 그럼 우선 자본주의가 어떻게 태어났는지 말씀
해주세요.

그건 아주 길고 복잡한 얘기란다. 왜냐하면 자본주의란 본
래 경제 생산 방식이면서 동시에 사회를 조직하는 형태를 가리
키기도 하기 때문이지. 자본주의는 사회 계층이 나타나고 사라
지는 것과도 관계가 깊거든. 방금 말한 용어들은 조라 너한테
는 다소 추상적으로 들릴 수도 있을 것 같다만, 그래도 할아버
지가 차근차근 설명해보도록 하마. 우리가 지금 어떤 상황에 처
해 있는지 제대로 이해하려면 그 용어들을 잘 알 필요가 있으니
말이다.

할아버지, 잠깐만요. 어렵고 복잡한 이론에 들어가기에 앞서서 우선 그 말이 어디에서 왔는지부터 가르쳐주시는 편이….

'자본주의Capitalisme'라는 용어는 라틴어에서 '머리'를 뜻하는 단어 'caput'에서 유래했지. 원래 라틴어의 이 말은 경제 분야에서 가축의 머리를 가리켰어. 거기에서 파생된 '자본capital'이라는 말은 12~13세기에 처음 선보였는데, 원금이나 투자금처럼 효율적으로 운용해서 이익을 만들어내야 할 종잣돈이라는 의미로 사용되었단다. '자본주의자Capitaliste'라는 말은 그보다 훨씬 뒤인 17세기에야 나타났어. 처음엔 부를 지닌 사람을 가리키다가 차츰 기업가, 즉 종잣돈을 생산 과정에 투자하는 자를 일컫는 말로 쓰이게 되었지.

그러다가 18세기부터는 부를 가진 사람이라면 누구나 자본주의자라고 불렀어. 1817년 《정치경제학 및 과세의 원리On the Principles of Political Economy and Taxation》를 쓴 저자이자 영국 출신 자유주의 금융가 데이비드 리카도David Ricardo도 이 용어를 사용하는가 하면, 프랑스 출신 무정부주의 혁명가 피에르 조제프 프루동Pierre Joseph Proudhon도 1840년에 출간한 저서 《소유란 무엇인가?Qu'est-ce que la propriété》에서 같은 용어를 쓰고 있단다.

마침내 19세기 중반에 들어서면서 '자본주의'라는 용어가 등장했지만, 이 말은 20세기에 들어와서야 비로소 통용되기 시작했어. 혁명가 루이 블랑Louis Blanc은 1850년에 이미 "일부에 의한, 타인을 배제한, 독점적인 자본의 전유"*라는 뜻으로 이 용어를 사용했고, 프루동도 비슷하게 사용했어. 당연하게도 카를 마르크스Karl Marx 또한 '수입의 원천으로서의 자본이 일반적으로 노동을 통해 그것을 생산한 자들에게 속하지 않도록 조직된 경제적, 사회적 체제'라는 의미로 이 말을 사용했단다.

아, 마르크스라면 저도 좀 알 것 같아요! '마르크스주의자'라는 말이 그 사람의 이름을 따서 생긴 거잖아요. 제 친구들 중에도 마르크스주의자들과 반反자본주의자들이 있거든요!

그래, 그렇겠지. 카를 마르크스를 따른다고 주장하는 혁명가들이 나타난 지는 이미 한 세기가 넘었어. 마르크스가 아마도 내가 방금 인용한 사상가들 가운데 제일 널리 알려진 사람일

---

* 그의 저서 《노동의 조직Organisation du travail》에 나온 내용.

게다. 마르크스는 20년 넘게 철학자, 경제학자, 이론가, 혁명운동가로 활동하면서 《자본론Das Kapital》이라는 유명한 책을 썼어. 이 책은 1883년 그가 죽었을 때도 미완성으로 남아 있었지.

그는 런던에서 가족들과 함께 망명 생활을 하며 영국의 산업과 그 산업에 종사하는 노동자들이 처한 참혹한 노동 조건을 관찰함으로써 자본주의의 실제 모습을 보여주었단다. 뿐만 아니라, 자본주의의 희생자들이 투쟁을 벌일 수 있도록 무기를 제공한 셈이지.

그러니까 할아버지, 제가 제대로 이해했다면 '자본'이란 노동에 의해 생산되고 다시금 투자되어 또다시 수입을 창출하는 돈의 전체를 가리키는 말이네요. 그리고 '자본주의자'란 그 돈의 임자로, 노동을 해서 그 돈을 만들어낸 이들에게 수입을 돌려주지 않고 자기 혼자 독점하는 사람이다, 이런 말이죠? 맞죠?

아주 정확하게 맞았단다. 그러니까 '자본주의'라는 말은 2가지 근본 개념과 연관 지어 파악되어야 한다는 게야. 하나는 돈의 총체로서의 '자본', 그리고 나머지 하나는 노동자들이 희생한

대가로 부자가 되어가는 '자본 관리자' 혹은 사회적 주체로서의
'자본주의자'라는 개념 말이지.

그런데 이 자본주의 체제는 어느 날 갑자기 하늘에서 뚝 떨어
진 게 아니야. 서로 적대적인 두 계급 사이에서 수세기 동안 지
속되어 온 투쟁이 낳은 의기양양한 산물인 거지. 피를 흘릴 정
도로 치열하면서도 어딘가 모호하고 불확실한 투쟁. 이것이 자
본주의를 낳았던 거야.

그 투쟁의 역사도 간략하게 들려주실 수 있죠?

암, 있고말고! 이 세상엔 말이지, 수천 년 전부터 벌써 땅이나
생산 도구, 물길, 근사한 궁궐, 이동 수단, 값비싼 식재료, 금·은
식기, 호사스러운 옷과 보석 등의 재물을 많이 가진 부자들이
있었단다. 그리고 부자들에게는 권력도 함께 주어졌지. 이 부자
들은 먼 옛날에도 자기들을 대신해서 일을 하고 자기들의 시중
을 들어주는 사람들을 소유할 수 있었어.

자유라고는 전혀 없는 이런 남자, 여자, 아이 들은 상품처럼
사고팔 수 있는 존재였어. 이 '노예들'을 소유한 주인은 그들의
목숨까지 좌지우지할 수 있는 권한도 가졌지. 이와 같은 오래된

사회적 생산 체제를 '노예 제도'라고 부른단다. 고대에는 노예 제도가 널리 퍼져 있었어.

학교에서 선생님이 그러시는데요. 오늘날에도 모리타니아라고 했던가, 아무튼 거기뿐만 아니라 다른 곳에도 여전히 어린이 노예들이 있대요. 그리고 방금 텔레비전에서 봤는데, 리비아에서는 어린 아프리카 이민자들을 노예처럼 판대요….

그래, 사실이란다. 하지만 생산 체제, 다시 말해서 노동력을 조직하는 일반적인 형태로서의 노예 제도는 다행스럽게도 폐지되었지. 인간을 사고파는 행위는 금지되었다는 뜻이야.

기독교에서는 원칙적으로 노예 제도를 부당한 것으로 간주하고 있어. 내가 '원칙적으로'라고 말한 건 말이지, 실제로는 사정이 달랐기 때문이란다. 유럽 사람들은 유럽 밖에서, 즉 그들이 아메리카 대륙에 가서 정복한 토지나 광산에서 일할 노동력이 필요하자 원주민들을 종처럼 부렸을 뿐 아니라 아프리카 흑인들을 대량으로 끌고 와서 노예로 만드는 노예무역을 성행하게 만들었거든. 이런 행위가 19세기 말까지 계속되었지만, 기독교

교회는 한 번도 거기에 반대하지 않았지.

유럽 기독교 사회의 경우, 로마제국이 멸망한 후 중세 시대에 들어서면서 새로운 경제적·사회적 체제가 점차 자리를 잡았어. 바로 '봉건 제도'라고 하는 체제였단다. 봉건 제도는 한마디로 토지(봉토fief)의 소유를 토대로 그 위에 복잡한 관계망을 결합했다고 보면 되는데, 그 관계망이라는 게 말이지…. 우선 군주(황제, 왕, 제후 등 정치적인 권력을 가지고 있으며 광대한 토지를 가진 사람들), 다음으로 지역 소유주와 영주, 그들의 봉신(이들은 동시에 자기들보다 지위가 낮은 자들에게는 봉건 영주가 되기도 한단다), 그리고 그 땅에 사는 백성들로 이어지는 굉장히 철저한 위계질서에 따른 관계였어. 땅을 소유하지 못한 사람들, 즉 '농노serf'는 '농노 신분servage'에서 벗어날 수 없는, 그야말로 '자유롭지 못한' 상태에 놓여 있었지. 비록 그들도 신의 아들딸(기독교 신앙을 공유한 형제자매)로서 몇몇 권리는 인정받았지만 말이야.

농노들은 땅에 매여 있으면서 그 땅의 주인을 위해 일을 해야 했어. 그 대신 땅 주인은 그들을 보호해주어야 할 의무가 있었고. 노예 제도와 봉건 제도의 차이는 농노의 법적 지위에 있단다. 농노는 노예와 달리 물건 취급은 받지 않았다는 말이야. 법적으로 인격을 인정받았으니까. 그래서 결혼도 할 수 있고, 재산을 소유할 수도 있고, 팔려가지도 않았어. 계속해도 되겠니?

네, 그런데 먼저 질문이 하나 있어요. 방금 땅을 '봉토'라고 부르셨는데, 그 이상한 말은 어디에서 생겨났죠?

'봉토'라는 말은 프랑크족이 가축을 가리키던 단어인 'fehu', 또는 돈, 소유 등을 뜻하던 고트족의 단어인 'faihu'에서 왔다고 들 하지. 말하자면 '소유한 땅'을 뜻하는 거야. 요컨대 봉건 제도는 토지의 소유와 농노 제도에 토대를 둔 정치 체제인 거지. 그리고 토지와 인간의 서열화가 봉건 제도의 가장 큰 특징이고.

말하자면 봉토는 자유로운 인간들, 즉 봉신들이 제공하는 의무와 섬김이 얽히고설킨 복잡한 관계망의 중추신경이란다. 여기서 의무와 섬김이란 주로 영주의 땅을 방어하거나 영주의 이름으로 다른 땅을 정복하는 군사적인 의무를 말하고, 간혹 영주에게 이득이 되는 조언 형태로 나타날 수도 있어. 그 결과로 봉신은 재물(봉토 또는 다른 혜택)을 하사받게 되지. 다시 말해 영주는 봉신들을 보호하고 먹여 살릴 의무가 있고, 봉신들은 그에 대한 대가로 영주에게 충성과 경의, 군사적 도움과 조언을 제공하는 거란다.

게르만족, 훈족, 바이킹족 등에게 연이어 침략을 받으면서 공권력이 약화되고, 카롤링거 왕조(카롤루스 대제의 후계자)가 제국을 다시 일으켜 세우는 데 실패하면서 사회적으로도 정치적으

로도 위기가 찾아왔거든. 그러면서 서기 1000년 이후 이와 같은
사회 체제가 공고해졌지.

그런데, 도시에도 봉토가 있었나요?

우리 손녀가 제법인데? 아주 핵심적인 질문을 했어. 도시에도
물론 봉토가 있었지. 귀족 가문들은 도시에도 집과 토지를 소유
했어. 그런데 도시에서는 봉건 제도와 농노 제도에 대항하여 새
로운 형태의 생산 방식이 나타나게 되었는데, 그게 바로 자본주
의 방식이었던 게야.

마르크스는 이 새로운 방식이 나타난 시기는 16세기이고 그
것이 비약적으로 발전한 시기는 18세기 말, 즉 몇몇 기술혁명과
노동의 기계화가 이루어지며 '부르주아bourgeois'라고 하는 새로
운 사회 계층이 눈에 띄게 부를 축적하기 시작한 시기라고 콕
집어서 말하지. 하지만 당시에는 중세 시대에 대한 지식이 그다
지 확실하지 않았기 때문에 마르크스가 상세하게 분석하지 못
한 내용들이 있어. 그건 수공업 장인들, 그리고 특히 상인들에
의한 자본 축적 수단들 가운데 더러는 중세 초반부터 이미 도시
에서 나타났다는 사실이야. 다시 말해 도시에서는 12세기, 어쩌

면 그보다도 더 일찍 부르주아에 의한 부의 축적 과정이 시작되었을 거라는 뜻이지.

그런데 조라야, 네가 반드시 이해해야 하는 점은 말이다, 사회 조직 형태로서의 자본주의는 적대적인 사회 계급 간의 수백 년 묵은 투쟁과 밀접한 연관을 맺고 있다는 사실이란다.

적대적인 사회 계급이라니…. 그건 예를 들어서 부르주아 계급과 봉건 계급 사이의 적대감을 말하는 건가요?

그렇게 볼 수 있지. 일단, 노예 제도의 종말 때문에 일어나게 된 결과에 대해 잠시 생각해보자꾸나. 노예 제도 위에 쌓아올렸던 사회가 와해되자, 유럽에서는 땅 주인들이 자기 땅의 생산성을 높이기 위해 보충 노동력을 사들일 수가 없게 되었어. 그러니 노예를 대신할 연장을 구하고, 생산물을 팔 영업망을 마련하고, 에너지원을 확보하고, 원자재를 처리하는 문제에 관심을 기울이게 되었지.

덕분에 오래전부터 알려지긴 했으나 그다지 관심을 받지 못했던 에너지원 개발이 체계적으로 이루어지면서 대폭 발전하게 되었단다. 풍력(풍차), 수력(물레방아), 화력(숯) 등이 대표적이지.

원자재를 가내수공업 수준으로 처리하는 일도 성행했어. 섬유, 가죽, 목재, 금속을 다루는 장인들의 수가 비약적으로 늘어났으니까. 봉건 영주들은 다른 영주들(백작, 주교, 사제)은 물론 도시의 시민과 부르주아 공동체와도 새로운 동맹 관계를 맺었단다. 자기 땅과 그 안에 세워진 시설물, 영업망, 노동자 들을 보호하기 위해서, 혹은 자기의 영향력을 확대하고 권력을 강화하기 위해서였지.

이렇듯 12~13세기에 걸쳐, 사회적이고 경제적이며 정치적이면서도 지극히 상징적인 사회 변동이 끊임없이 진행되었단다. 이 변화는 봉건 권력이 쇠퇴할 거라는 예고나 다름없었지. 땅보다 연장의 소유가 점점 더 중요해지기 시작했거든. 그리고 연장을 가진 새로운 사회 계급, 즉 '도시 부르주아'가 출현했고 이들은 봉건 영주들에게 대항하는 새로운 권력을 쥐게 되었어. 이렇게 되자 시민들과 부르주아가 합심하여 만든 공동체가 부상하게 되었지. 이들은 봉건 영주들에게서 자치권을 쟁취해서 자기들끼리 노동과 시장을 조직했고, 용병을 고용해서 자기들의 공동체를 보호하고 화폐와 도량형을 통제했단다.

그렇다면 그 공동체들은 어떤 방식으로 자기들의 존재를

인정받았나요?

그야 당연히 거센 저항이 있었지. 심지어 혁명을 일으키기도 했고. 이들은 가차 없이 진압당하기 일쑤였어. 도처에서 공화국이 선포되었지만 오래가진 못했지. 때로는 선견지명을 가진 영주가 부르주아 대표들과 연합 세력을 형성하기도 했어. 부르주아의 잠재력을 인정한 거라고 봐야겠지. 그런가 하면 다른 봉건 영주들을 제치고 자신의 영향력을 강화하겠다는 목적으로 부르주아 공동체에 접근한 영주도 있었단다. 또, 지리적인 상황 때문에 동맹이 만들어지는 경우도 간혹 있었어. 하필이면 봉건 영주의 성이 부르주아 세력이 급부상하던 도시 안에 위치하고 있다거나, 그런 이유 때문에 말이지. 예를 들어 파리에서 중심이 되는 성은 시테Cité섬에 있었는데, 이 섬이야말로 최초의 산업 시설(바로 인접한 곳에 센 강변의 물레방아들이 들어섰으니까)을 설치한 부르주아 공동체의 중심이었거든.

유럽의 경우 봉건 영주들과 부르주아 공동체 간의 동맹 정책은 12세기부터 보편화되기 시작했지. 그 결과 부르주아 자본주의자 계급이 점차 강화되었어. 그리고 프랑스 대혁명이 일어나면서 결국 그들의 승리가 굳어졌고. 이 이야기는 나중에 다시 할 기회가 있을 게다.

할아버지, 저는 사실 마르크스에 대해서 조금 더 듣고 싶어요. 그는 왜 그토록 유명한 거죠? 도대체 그가 무슨 일을 했기에, 내 또래 친구들 중에도 자기들이 마르크스주의자라고 주장하는 사람들이 있는 거냐고요?

좋은 질문이구나, 조라야. 너는 스위스에 살고 있지. 그런데 유감스럽게도 스위스의 학교에서는 네가 카를 마르크스에 대한 이야기를 들을 기회가 거의 없을 거야. 마르크스뿐만 아니라 자본주의를 과격하게 비판하는 다른 작가들에 대해서도 마찬가지일 테고.

마르크스는 1818년 독일의 트리어^{Trier}에서 태어났고 대학에서 철학을 전공했어. 그러나 당시 라인란트를 통치하던 프로이센 왕의 독재정치에 과격하게 반기를 든 까닭에 25살 때 추방당했지. 그래서 가족들과 함께 죽을 때까지 망명 생활을 해야 했단다. 처음엔 파리에서 브뤼셀로, 그리고 다시 런던으로 이주했어.

1848년, 29살이었던 마르크스는 친구 프리드리히 엥겔스 Friedrich Engels와 함께 〈공산당 선언Manifest der Kommunistischen Partei〉이라는 제목의 짧은 글을 발표했단다. 또한 그는 유대인 문화를 깊고 폭넓게 접한 데다 유럽에서의 혁명 운동 역사에 대해 해박하고 정확한 지식을 가지고 있었기 때문에 아까 내가 말한 기넘비적인 저작 《자본론》을 남길 수 있었지. 그의 생전에 출판된 건 《자본론》의 1권뿐인데, 1867년에 처음 출판되었을 때 고작 42권 팔렸다고 해…. 그렇지만 이 책은 전 세계를 뒤흔들었고, 19세기에서 20세기, 그리고 21세기 초반까지 북반구 남반구 구별할 것 없이 지구상 도처에서 일어난 수많은 봉기와 중요한 혁명의 자양분이 되었지.

마르크스와 그의 가족은 평생 망명 생활을 하면서 지독한 가난에 시달렸단다. 그런데도 그의 존경받을 만한 아내 예니 폰 베스트팔렌Jenny von Westphalen은 시종일관 남편을 지지한 것으로도 유명해. 마침내 마르크스는 독일과 영국의 노동조합원들과 힘을 모아 1864년 9월, 비가 주룩주룩 내리던 날, 런던의 세인트 마틴스 홀에서 최초의 노동자 자기방어 조직인 '국제 노동자 연합'을 발족했어.

그런데 할아버지가 보시기에, 그가 왜 그렇게도 중요한 인물인가요?

왜냐하면 그가 자본주의를 총망라하는 최초의 이론을 창조해냈기 때문이지. 《자본론》은 말이지, 대단히 과격하게 비판적이면서도 놀랍도록 활력 넘치며, 박식하고 지적인 걸작이란다. 그의 이론은 그의 뒤에 이어진 모든 세대에 걸쳐 반자본주의 계열 학자들의 정신적인 지주가 되어주었어. 《자본론》에서 마르크스는 잉여 가치의 축적을 아주 정확하게 묘사하고 있지….

잠깐만요. 잉여 가치라니, 그게 뭔데요? 수입과는 다른 건가요?

자본, 기계, 공장부지, 원자재 등의 생산 수단을 소유한 자본가는 노동자들에게 최대한 낮은 임금을 주려 한단다. 그들의 노동력을 확보하는 데 필요한 최소한의 급여(먹고, 잠자고, 눈비를 피해 생활할 공간을 확보하는 데 필요한 돈) 말이지. 자본가는 이들이 노동을 해서 생산해낸 것을 '상품'이란 형태로 시장에서 판매해. 즉 한쪽에 노동자에게 주는 급여(거기에 생산 수단과 관련된 다른 비용이 더해져야겠지만 말이다), 다른 한쪽에 상품 판매로 얻은 수익이 있을 때 이 둘 사이의 차이가 자본가의 주머니 속으로 들어가게 돼.

바로 이 차액을 우리가 '잉여 가치'라고 부르는 거란다. 자본가는 이 잉여 가치를 다시 생산 과정에 투자하고, 앞에 말한 과정이 계속 반복되지. 이 과정에서 자본가의 자본은 계속 증가하게 되어 있어. 말하자면 의심할 여지 없이 자본이 축적된다는 거야. 상상도 못 할 정도로 거대한 부를 거머쥔 몇몇 부자들에 대해서는 나중에 다시 얘기할 기회가 있을 게다. 이들은 경제, 금융, 정치, 이데올로기(사상에 대한 영향력) 등 모든 면에서 거의 무제한이라고 할 만큼 굉장히 큰 권력을 쥐고 있지. 이런 자들을 가리켜서 '소수의 지배자', 다른 말로 '과두정치가^{oligarques}'라고 부른단다.

할아버지, 잉여 가치와 수입의 차이에 대해서는 아직 설명 안 해주셨는데….

'노동 수입' 또는 '근로 소득'이란 노동자들의 경우 급여를 말하고, 자유직업에 종사하는 사람이라면 자신이나 자신의 회사가 벌어들인 돈을 가리킨단다. 한편, '자본 소득', 즉 자본이 벌어들인 수입엔 여러 종류가 있지. 돈을 빌려주고 얻는 이자, 땅에서 나오는 지대, 부동산 임대를 통한 월세, 특허권 사용료, 각종 인허가, 상표권, 기업이 주주들에게 배당금 형태로 나눠주는 이윤 같은 것이 모두 여기에 해당되는 거지. 잉여 가치는 자본가

가 벌어들인 수입에 포함되는 개념이라고 할 수 있어. 잉여 가치
는 그가 생산 또는 판매를 위해 투자한 것과 벌어들인 것 사이
의 차이를 말하니까.

알겠어요. 무슨 뜻인지 대충 알 것 같아요. 그리고 방금 전
에 할아버지가 엄청나게 돈이 많은 자본가들을 '소수의
지배자'라고 부른다고도 하셨는데, 그 말은 또 어디에서
온 건가요?

그야 과두정치oligarchie에서 나온 말이지. 이 단어는 '많지 않은'
을 뜻하는 그리스어 'oligo'와 '권력'을 뜻하는 'kratos'가 합쳐져
서 '소수의 권력'이라는 의미를 지니게 된 말이고.
방금 너한테 들려주었던, 소수가 중요한 역할을 하는 그 과정
에서 진정한 의미의 생산자라고 할 수 있는 노동자는 자본 축적
과정에서 배제되어 있어. 노동자는 '프롤레타리아prolétariat'를 말
하고, 이 프롤레타리아는 과거의 노예나 농노의 맥을 이어간다
고 볼 수 있지. 자본이나 생산 수단을 소유하지 못했으므로 생
존을 위해서는 '임금을 받는 노동'에 의존하는 것 말고 다른 방
도가 없는 사람들인 게야.

마르크스는 노동자들이 계속 점점 더 비참해질 거라고, 머지 않아 자기들의 노동이 생산해낸 상품들조차 모두 구입할 수 없는 날이 올 거라고, 자본주의는 따라서 이로 인해 질식하게 되리라고 내다봤어. 그런데 이 마지막 점에 있어서는 그의 예측이 빗나갔지. 특히 서양에서만큼은 말이야. 왜냐하면 노동자들과 그들이 조직한 노동조합이 지난 2세기 동안 치열한 저항 운동을 펼쳤거든. 덕분에 그들은 자본가들과 자본가들의 지배를 받는 국가로부터 괄목할 만한 사회적 양보를 얻어냈지. 적절한 임금, 해고에 대비한 일정 수준의 보호 장치, 실업 보험 등이 그 대표적인 성과라고 할 수 있어.

자본주의의 자기붕괴, 다시 말해 팔리지 않은 재고로 인해 질식하게 될 거라는 예측이나 산업화된 서양 노동자들의 삶이 갈수록 비참해지리라는 마르크스의 예측은 완전히 빗나갔어. 하지만 자본을 장악한 자들에 의한 소수 지배 체제의 출현이며, 점점 더 소수가 점점 더 무제한적으로 자본을 축적함으로써 부자가 되어갈 것이라는 예측, 그리고 제3세계에 사는 수억 명의 소외와 궁핍에 대해서라면 마르크스의 예상은 너무도 정확하게 들어맞았지.

마르크스는 무엇보다도 부르주아 자본가들이 새로운 문명을 강요하게 될 것임을 내다보았단다. 그가 〈공산당 선언〉에 쓴 말을 인용하자면, "인간과 인간 사이에 존속하게 될 유일한 관계란 결국 적나라한 이해관계, 냉정하기 그지없는 현금 주고받기 식 관계"뿐이라는 거야. 부르주아식 문명은 성스러운 전율이나 경건한 열정, 기사도적인 열광과 멜랑콜리 같은 모든 것들을 이기적인 계산이라는 얼음물 속에 잠겨버리게 할 거라고 했지. 실제로 부르주아 문명은 인간의 존엄성을 교환 가치 속에 매장해버렸어.

할아버지가 하는 말, 알아듣겠니? 너무 지루하진 않아?

아뇨, 전혀 지루하지 않아요! 오히려 그 반대인걸요. 전 아주 열심히 듣고 있다고요….

그래, 계속하마. 마르크스는 자본 축적의 두 번째 형태를 묘사하기도 했는데, 그가 활동하던 당시 서양의 제조업이나 상업, 서비스업 분야의 우두머리들에게 통용되던 것과는 다른 형태였어. 그는 이를 가리켜 "자본의 원시 축적accumulation primitive du capital"이라고 불렀단다.

그게 뭔데요?

생각해보자. 생산에 투자하려면 처음부터 자본이 있어야 하고, 가능하다면 자본이 많을수록 좋지. 마르크스는 자본가들이 어떻게 산업혁명 초기에 이 자본을 형성할 수 있었는지 궁금해했어. 그가 《자본론》에 쓴 글귀를 읽어줄 테니 잘 들어보렴. 아주 근사한 문장이니까.

자본은 모든 구멍으로 피와 진흙을 토해내면서 이 세상에 도달한다. (…) 유럽 임금 노동자들의 위장된 노예 상태의 좌대가 마련되기 위해서는 신대륙에서의 노골적이고 파렴치한 노예 제도가 필요했다. (…) 현대 자본의 역사는 신·구라는 두 세계 사이에 무역과 시장이 설립된 16세기로 거슬러 올라간다. (…) 식민 제도는 이제 막 태동하는 제조업에 판로를 보장해주었다. 식민지 시장에 대한 독점권 덕분에 제조업에서의 자본 축적은 2배로 쉬워졌다. 노예 상태로 전락한 원주민들의 강제 노동과 공금 횡령, 독직, 약탈, 살해 등을 통해서 유럽 외부에서 직접적으로 강탈된 재화는 모국으로 흘러들어 자본으로 기능했다.

16세기 초부터, 차마 말로 표현할 수조차 없는 참혹한 상태에

서 피땀과 목숨으로 초기 유럽 자본 축적의 대가를 치른 것은 주로 아프리카인들이었단다. 남자, 여자, 아이 구별할 것도 없이 말이야.

예를 하나 들어보자꾸나. 1773년에서 1774년까지의 기간 동안 자메이카 775개의 농원에서 일한 노예는 20만 명이 넘었어. 중간 정도 넓이의 농원, 그러니까 면적이 약 2,400제곱미터(그중 1,000제곱미터에는 사탕수수를 재배했지)쯤 되는 농원 하나가 200명의 흑인을 고용했다는구나.

마르크스가 제시하는 가장 정확한 계산에 따르면, 영국은 이 자메이카 농원들에서 1773년 한 해 동안 (당시 가치로) 금화 150만 파운드(한화 21억 7,000만 원 정도-옮긴이)에 해당되는 이익을 거두어 들였다고 해. 이 돈으로 영국에는 주로 섬유 산업 분야의 거대한 공장들이 세워졌지. 석탄과 철의 결합으로 막강한 제철 공업도 부상했고. 이렇게 되자 수백만 명의 농부들과 그들의 가족이 도시로 몰려들었단다.

조라야, 영국의 유명한 작가 찰스 디킨스^{Charles Dickens}가 쓴 《올리버 트위스트^{Oliver Twist}》 기억하지? 아빠가 작년에 너한테 선물한 책 말이야.

네, 아주 잘 기억해요. 특히 올리버가 "가난은 곧 지옥"이라고 말한 마지막 장면이 제일 또렷하게 생각나요.

그래, 그거야. 빈민굴, 얼음장 같은 겨울의 추위, 매일 반복되는 굶주림, 낯빛이 창백할 정도로 몸이 상해버린 아이 엄마들, 폭력적인 남자들, 가난한 자들을 멸시하고 그들을 향해 멋대로 권력을 휘두르던 경찰. 올리버가 사는 세계는 식민지에서 노략질한 재화로 먹고사는 런던의 야만적인 산업화가 빚어낸 결과물이었지. 시인 빅토르 위고Victor Hugo는 이런 말을 했어. "부자들의 천국은 가난한 자들의 지옥으로 이루어졌다"고 말이야.

그러니까 이 초기 자본 축적은 무엇보다도 아프리카 사람들이 고통을 당하고 목숨까지 빼앗긴 대가라는 말이죠?

그게 다가 아니야. 마르크스의 먼 제자라고 할 수 있는 헝가리 출신 철학자 루카치 죄르지Lukács György의 표현대로라면 "노략질의 잉여 가치" 또한 라틴아메리카 원주민들에 의해 대대적으로 지불된 거라고 봐야지.

그건 또 무슨 말이에요?

  조라 너, 작년에 네 엄마아빠와 스페인에 다녀왔지. 그때 마
드리드에서 마요르 광장Plazza Mayor, 솔 광장Puerta del Sol을 봤을 거
야. 그리고 카스티야 지방에서는 펠리페 2세의 명령으로 지어진
호사스러운 궁, 엘 에스코리알El Escorial도 구경했을 거고.

네, 맞아요. 굉장히 멋졌어요! 마음에 쏙 들던걸요. 관광객
이 너무 많아서 구경하기가 힘들긴 했지만요.

  지난 3세기 동안 라틴아메리카 인디언들, 그것도 대부분 네
나이 또래의 어린 사람들 수백만 명이 광산에서 죽었단다. 스페
인 국왕이 그처럼 경이로운 건축물을 짓는 데 이들이 희생된 거
지. 볼리비아의 '알티플라노Altiplano(당시 높은 페루라는 뜻의 알토 페
루Alto Perú라고 불렸지)' 고원 지대에 세워진 포토시Potosí는 1543년
무렵 아메리카 대륙에서 가장 인구가 많은 도시였단다. 포토시
를 굽어보는 가장 높은 정상 '세로 리코Cerro Rico(부유한 산이라는
뜻)'는 이름대로 무수히 많은 은맥이 지나가는 곳이었지.
  덕분에 스페인은 이곳에서 3세기 동안 은 광석 4만 톤을 캐냈

는데, 그 과정에서 아이마라, 케추아, 모소, 과라니 족에 속하는 인디언 400만 명이 목숨을 잃었어. 정해진 양만큼의 은 광석을 캐내지 못한 광부는 지상으로 돌아오는 것이 허용되지 않았거든. 창과 도끼로 무장한 스페인 감독들이 사다리 위쪽에 자리를 잡고서 이들을 감시했어. '할당량'을 채우지 못한 채 환한 빛이 있는 지상으로 올라오려는 어린이, 청소년, 여자, 남자는 가차 없이 죽이거나 다시금 암흑 같은 갱도로 돌려보냈지.

1년에 2번, 금과 은, 주석 혹은 다른 귀금속을 실은 노새들의 기나긴 행렬이 고원에서 내려와 태평양 연안의 리마Lima라는 도시로 향했어. 그곳에서 그 보물들은 배에 실려 카르타헤나로 향했고, 다시 스페인제국의 중심지인 아바나로 이동했어. 보물을 잔뜩 실은 배는 스페인 전함들(아마 너도 유명한 스페인의 '무적함대'에 대해서는 들어봤겠지)의 호위를 받으며 남대서양을 1년에 2차례씩 가로질렀어. 그러고는 최종 목적지인 스페인 카디스Cadiz에 금은보화를 내려놓았단다.

그런데도 인디언들은 한 번도 저항을 하지 않았나요?

그럴 리가 있겠니. 당연히 항거를 했지. 하지만 대부분 아무

소용없었어…. 신성로마제국 황제 카를 5세는 그의 말대로 "태양이 절대 지지 않는 제국"을 통치하는 것을 자랑스럽게 여겼단다. 스페인 약탈자들이 쳐들어오기 전까지 멕시코의 인구가 3,700만 명이었는데, 이는 안데스산맥 고원 지대에 사는 인디언들의 인구와 맞먹는 수였어. 중앙아메리카와 카리브해 지역엔 약 1,000만 명 정도가 살았어. 그러니 아스텍, 마야, 잉카 문화를 이룩한 위대한 민족들을 다 합하면, 15세기 말의 이 지역 인구가 대략 7,000~9,000만 명 정도에 이른다는 계산이 나오지. 그러나 한 세기 후에는 350만 명밖에 남지 않았단다. 자본은 이렇듯 "모든 구멍으로 피와 진흙을 토해내면서" 이 세계에 도달한 거야.

그렇다면 스페인 사람들은 범죄자들이었군요?

방금 말한 관점에서 보자면 그런 셈이지. 하지만 스페인 사람들만 그런 건 아니었어. 프랑스의 지배 계급들도 똑같은 범죄를 저질렀지. 잔혹함으로 말하자면, 그들의 '자본의 원시 축적' 방식도 이베리아반도 사람들(스페인과 포르투갈 사람들) 혹은 영국 사람들 방식에 못지않았지. 너도 파리의 대로변에 늘어선 우아

한 부르주아 건물들이며 교각, 웅장한 기념물들을 봤지? 마르세유의 카네비에르Canebière 대로나 가론Garonne 강변에 위치한 보르도의 호화 저택들도 봤고? 그것들도 다 대서양 건너 대륙에 살던 사람들의 피땀과 절망, 고통의 대가로 지어진 것들이란다.

3

사유재산권이라는
중대한 실수

할아버지, 방금 프랑스의 지배 계급들이라고 말씀하셨는
데, 그게 정확하게 무슨 뜻이에요?

우선 너한테 프랑스 대혁명에 대해 들려줘야겠구나. 프랑스
대혁명은 말이다, 18세기 유럽에서 부르주아 자본가들이 거둔
정치적, 이념적, 경제적 승리라고 할 수 있어. 부르주아들이 권
력을 쟁취하고 사회 변혁을 일으키는 힘이 분출될 수 있도록 이
혁명이 물꼬를 터준 셈이지. 그 결과 새로운 정치 체제가 나타났
고, 이를 뒷받침하기 위해 새로운 제도들이 정비되었으며, 부르
주아 계층의 이익을 정당화하는 이데올로기가 생겨나 이것이
모두에게 강요되기에 이르렀지. 이러한 이데올로기의 중심엔 사

유재산권이 있단다. 조라야, 너도 1792년 8월 10일 파리에서 무슨 일이 있었는지 알고 있니?

할아버지, 저는요, 1789년 7월 14일에 혁명 가담자들이 바스티유 감옥을 장악했고, 이 사건이 프랑스 대혁명의 도화선이 되었다는 사실은 알고 있어요. 하지만 1792년 8월 10일에 무슨 일이 있었는지는… 다 잊어버렸어요.

1792년 여름, 프랑스는 지독한 기근에 시달렸어. 특히 수도 파리 주민들의 굶주림은 극심했지. 그런데 그 무렵에 루이 16세와 마리 앙투아네트 왕비가 센 강변의 튈르리궁에 먹을거리를 산처럼 쌓아놓고 있다는 소문이 돌았던 거야. 3년째 접어든 혁명 분위기는 최고조에 달했고. 파리 반란 코뮌Commune insurrectionnelle de Paris*을 주도하던 무장 봉기 분파는 왕과 그의 가족이 살고 있는 튈르리궁 습격을 계획했어. 튈르리궁은 왕 앞에서 충성을 서

---

* 프랑스 대혁명 초기, 즉 1789~1795년의 기간 동안 파리 시의 혁명 업무를 도맡았던 시 정부를 파리 코뮌이라고 한다. 부르주아들의 발의에 따라 파리 코뮌이 발족하면서 귀족 위주였던 의회는 해산되었다. 그 후 혁명이 급진적인 기류를 타면서 공화주의 기운이 고조됨에 따라 파리 코뮌이 1792년 8월에 해체되고, 파리 반란 코뮌이 그 뒤를 이었다(옮긴이).

약한 스위스 용병대가 지키고 있었지.

코뮌 돌격대는 민간인 시위자들의 도움으로 손쉽게 전투에서 승리를 거둘 수 있었단다. 돌격대는 스위스 용병대원 상당수를 살해했다고 해. 전체 용병대원 900명 중에서 오직 334명만이 궁의 정원을 통해 빠져나가 목숨을 건졌을 정도였다니 말이야. 다음 날 파리 시민들은 도심 한복판에 거대한 구덩이를 파고 스위스 용병대원들의 시체를 그 구덩이에 던졌지.

그런데 정작 민간인 시위자들은 궁에서 밀가루나 고기는 물론 어떤 먹을거리도 찾아내지 못했어. 대신 각종 보석과 값비싼 가구, 화려하게 금가루를 입힌 의자들이며 귀한 보석이 박힌 벽시계 같은 것들만 들고 나왔지. 하지만 코뮌 돌격대 소속 요원들은 이들 약탈자들을 체포해서, 이들 가운데 수십 명을 센 강변 가로등에 매달아 교수형에 처했단다.

이렇게 해서 부르주아의 중심 가치인 사유재산권 신성불가침의 원칙은 확연하게, 아주 구체적으로 만천하에 확인된 셈이지. 그리고 오늘날까지도 그 가치는 변함없이 이어져 내려오고 있고 말이다. 파리 반란 코뮌의 분과 지도자들이 생각할 때 약탈과 도둑질은 사유재산권에 대한 침해였고, 이들은 그걸 묵과할 수 없었던 거야. 그 같은 약탈 행위의 피해자가 왕위를 빼앗긴 왕일지라도 말이지.

그러니까 문제는 사유재산이란 말인가요? 그걸 없애야 했
던 건가요?

　내가 보기엔… 18세기 말엽 10년 정도의 기간 동안 모든 일이
실패한 것 같아. 상황이 좋지 않은 쪽으로 변했단 말이지.
　우선, 프랑스 대혁명으로 자코뱅파(부르주아 중심의 급진파 — 옮
긴이)가 세운 첫 번째 공화국은 왕의 절대적인 권력을 폐지했고,
봉건 제도를 결정적으로 타파했으며, 농노들을 해방했어. 또한
주권재민을 천명함으로써 인류의 대다수에게 보다 자유롭고,
보다 존중받는 삶에 대한 희망을 안겨주었단다. 1789년에 선포
된 〈인간과 시민의 권리 선언Déclaration des droits de l'Homme et du citoyen〉
과 그에 따른 정교분리 확립으로 무소불위했던 교회의 권력을
대폭 축소한 것도 확실히 문명의 승리라고 할 수 있고, 오늘날
까지도 지구상의 수억 명이 이러한 혜택을 누리고 있지.
　그런데 자본주의자들의 착취를 정당화하는 토대가 되는 사유
재산권이, 다른 이들도 아닌 자코뱅파에 의해 신성불가침 반열
에 오르게 되면서 재앙이 시작된 거야. 그건 오늘날까지도 대단
히 집요한 방식으로 우리의 발목을 잡으니 말이야.

어떻게 해서 그렇게 중요한 걸 놓치게 되었을까요? 아무도 소유를 금지할 생각을 하지 못했나요? 아, 중학교에서 얼마 전에 장 자크 루소Jean Jacques Rousseau가 쓴 《인간 불평등 기원론Discours sur l'origine et les fondements de l'inégalité parmi les hommes》을 공부했어요. 처음 시작하는 대목에 아주 근사한 문장이 있었는데… 잠깐만요, 여기 그 책이 있으니까 찾아서 읽어 드릴게요. 루소는 몹시 분노한 상태에서 그 문장을 쓴 것 같더라고요.

제일 먼저 한 조각 땅뙈기에 울타리를 치고 "이건 내 거"라고 말하면서, 그 말을 들은 자들이 그걸 그대로 믿을 정도로 소박하다고 생각한 사람은 진정으로 문명사회의 창시자임에 틀림없다. 그렇게 남의 말에 잘 속는 사람들의 (옷자락을) 잡아당기거나 (그들이 빠질 만한) 도랑을 메워주면서 동료 인간들을 향해 "그런 사기꾼 같은 자의 말은 경계하시오. 당신이 만일 그 (땅에서 나온) 과실들이 모두의 것임을 망각하고, 토지가 어느 누구의 것도 아님을 망각한다면 당신은 그것으로 끝장이니까!"라고 외칠 만한 인간이 있었다면, 그토록 숱한 범죄와 전쟁, 살인과 굶주림, 가혹함이 그를 살려두지 않았을 테니 말이다.

그렇지, 그게 바로 사유재산에 대한 루소의 생각이야. 제일 중대한 과오를 범한 사람은, 내가 보기에, 막시밀리앙 로베스피에르Maximilien Robespierre가 아닌가 싶구나. 그는 1793년 4월 24일 국민공회 앞에서 "재화의 평등은 환상에 불과하다"고 선언했어. 그로부터 며칠 후엔 신흥 부자들, 그러니까 민중의 비참함을 통해서 이득을 취하는 약삭빠른 자들 앞에서 이런 약속도 했지. "나는 당신들의 재산엔 손을 댈 마음이 없습니다." 그 당시 로베스피에르의 권력은 그야말로 하늘까지 치솟았단다. 노예 제도와 사형 제도 폐지를 지지하고, 보통선거와 권리 평등을 옹호하는 '민주주의 투사들'의 선봉장이었으니까. 하지만….

그런데 왜 로베스피에르는 부자들을 옹호했죠? 도대체 무슨 생각으로 그런 행동을 했느냐고요?

쇠이유Seuil라는 출판사 대표인 올리비에 베투르네Olivier Bétourné는 프랑스 대혁명에 관해서라면 대단히 박식하고 통찰력 있는 역사학자이자 노골적으로 로베스피에르를 지지하는 옹호자이기도 하단다. 그래서인지 그는 로베스피에르의 재앙에 가까운 전략을 다음과 같은 식으로 정당화하려고 하지. 당시 대혁명은

2가지 어려움에 봉착해 있었다는 거야. 왕정을 지지하는 연합 세력이 혁명에 보였던 적대감, 그리고 유럽 왕정 국가들이 주도한 외세의 침입. 이런 상황에서는 국가의 통합을 유지하는 것이 우선이었고, 그렇기 때문에 사유재산권으로 득을 보는 자들, 다시 말해 부르주아 포식자들에게 그들의 권리를 절대적으로 보장해줄 필요가 있었다는 게지.

베투르네는 그런 주장으로 나를 설득하려 했지만, 나는 적어도 로베스피에르의 입장을 정당화하려는 그 시도엔 동의할 수 없어. 내가 아무리 그를 아끼고 존중한다 해도 말이야.

왜 그랬던 거죠?

왜냐하면 사유재산, 그리고 사유재산의 절대적인 보호는 집단의 이익을 희생할 뿐 아니라 문제의 핵심이자 흉물스럽기 그지없는 자본주의의 원천이라고 할 수 있으니까.

아니, 그거 말고요. 다시 자세히 질문할게요. 로베스피에르의 혁명 동지들 가운데 그에게 반대하는 사람은 아무도 없었나요?

아, 그야 물론 있었지! 하지만 다 부질없는 짓이었어, 비극적인 결과만 낳았을 뿐이니까. 많은 혁명주의자들은 장 자크 루소의 사상에 깊이 영향을 받았어. 그라쿠스 바뵈프Gracchus Babeuf, 자크 루Jacques Roux를 비롯해 다른 많은 사람들이 혁명으로 득을 본 자들을 비판하면서, 로베스피에르에게 격하게 반기를 들었지. 이들은 사유재산권 폐지, 토지와 생산 수단의 집단 소유를 주장했어.

조라 너한테 바뵈프의 마지막 연설에 나오는 몇 구절을 들려주고 싶은 마음을 억누를 수가 없구나. 이 할아버지가 아는 한, 자본주의에 반대하는 글들 가운데에서 가장 공정하고 가장 예견력이 있는 글이거든.

배신자들이나 무지한 자들이여! 그대들은 내란만큼은 피해야 한다고 목청을 높이는가? 절대로 민중에게 불화의 불씨를 던져서는 안 된다고 주장하는가? 하지만 그 어떤 내란이 한쪽엔 모든 가해자들, 다른 한쪽엔 완전 무방비 상태의 희생자들로 분리되어 있는 상황보다 더 꼴불견이란 말인가? (…)

평등과 소유라는 그 첨예한 쟁점을 놓고 전투가 시작되어야 한다! 민중이 나서서 모든 구태의연하고 야만적인 제도들을 전복시켜야 한다! 부자가 가난한 자를 상대로 벌이는 전쟁이 한편으로는 오만하고, 다른 한편으로는 비겁한 양상을 띠는 일은 없어야 한다! 그렇다, 다시 한 번 말하거니와 모든 병폐가 절정에 이르렀다. 그러니 더 이상 악화될 것도 없다. 이는 완전하고 전적인 전복을 통해서만 고칠 수 있다. 우리 사회의 지향점을 바라보자, 공동의 행복을 바라보면서 1,000년 동안 우리를 괴롭혀온 이 천박한 법들을 바꾸자.

바뵈프와 그의 친구들은 어떻게 되었나요?

그들 또한 모두 사형 당했지. 처형 전날, 바뵈프는 권총 자살을 시도했어. 그래서 턱이 박살나고 피투성이가 된 채, 심지어 의식도 절반쯤만 남은 상태로 1797년 5월 27일 아침에 단두대로 끌려갔지.

로베스피에르는 그보다 앞서 처형을 당하긴 했지만, 이미 자본주의자들의 승리를 위한 길은 활짝 열어주고 난 뒤였으니…. 그들이 최초의 공화국을 지배하게 되는 성과를 거두게 해줬으니 말이야. 더구나 공화국 대신 총재정부가 들어서더니, 급기야

제정시대를 맞이하게 되었거든. 그 뒤로 유럽은 물론 전 세계에서 이어진 모든 정치 체제는 자본주의자들의 지배를 확인해주었단다. 그 결과는 오늘날 우리가 알다시피, 재앙 수준이지.

4

아이들이 광산으로
떠나는 이유

할아버지, 그때 할아버지가 화나 있었던 텔레비전 토론에
서 브라베크 레트마테를 '소수 지배자' 취급하셨잖아요.
이제 전 그 말이 권력을 쥔 소수를 가리키고, 그는 그 소
수 집단에 속한다는 건 잘 이해했어요. 그런데 그들이 쥔
권력은 도대체 무슨 권력이죠?

이제 설명해주마, 조라야. 자본의 다국적화, 독점화 추세는
자본주의 생산 방식에 본래부터 포함되어 있는 생리라고 할 수
있단다. 생산력이 어느 정도 수준에 도달하면 그런 경향으로 바
뀔 수밖에 없거든. 그러니 절대적인 게 되는 거라고.

'독점화'니 '다국적화'니 '절대적'이니 하는 말도 뭐가 뭔지 하나도 모르겠어요. 그런 말들도 다 설명해주실 거죠?

'독점화'는 하나의 경제에서 사용 가능한 자본을 누군가가 독차지하는 걸 뜻하지. 말하자면 경쟁을 없애버리고 혼자서 특정 상품을 만들어서 그 상품의 가격을 책정하는 거야. 그리고 '다국적화'는 그 같은 독점이 전 지구적으로, 그러니까 특정한 한 나라만이 아니라 국경에 무관하게 여러 나라에서 광범위하게 이루어진다는 뜻이고.

'독점화'와 '다국적화'라는 2가지 동향은 경쟁과 최대 이윤 추구라는 특성 때문에 생겨나는 거란다. 세계 여러 대국에서 동시에 활동하면서 수십만 명의 직원을 거느린 거대한 기업을 일구는 일은 20세기에 본격적으로 성행하기 시작했지.

독점화와 다국적화는 왜 하필이면 그 시기에 집중적으로 일어난 걸까요?

거기엔 2가지 사건이 결정적인 역할을 했어. 우선, 1991년에 소비에트 연방이 와해되는 사건이 일어났지. 그전까지만 하더라도 지구상의 주민 3명 가운데 1명은 공산주의 체제에서 살았는데 말이야.

소비에트 연방은 1917년 러시아에서 10월 혁명이 일어나 노동자(또는 소비에트)들이 권력을 잡으면서 탄생했는데, 제2차 세계대전에서 연합군이 나치 독일에 승리를 거둔 후 이른바 '자본주의' 국가들에 맞서는 '공산주의' 세력으로 자리를 잡았지. 물론 소비에트 연방은 공산주의 국가라는 명칭에 어울리는 나라가 못 되었지만 말이야. 왜냐하면 프롤레타리아 독재라는 명분으로 엘리트 계급을 억압하고 절대 다수를 강제로 복종시켰으니까. 여기에 동조하던 일부 국가들도 마찬가지였고.

그렇긴 하지만, 그래도 당시 세상엔 2개의 진영, 2개의 적대적인 세계로 갈린 양극성이 존재했지. 이 두 세상을 (상징적으로) 갈라놓은 것이 베를린에 세워진 장벽이었지만 이 벽은 1989년 11월에 무너졌고, 그로부터 2년 후 소비에트 연방이 와해됨으로써 지구의 영토와 정치를 갈라놓았던 이분 상태도 막을 내리게 된 거야.

자본주의 생산 방식은 그때까지만 해도 제한된 범위에서만 적용되었어. 그런데 1991년 이후 그것이 세계 전체를 정복했고 유일한 규범으로 부상한 거야. '보이지 않는 손'이라는 말, 너도 들어봤을 테지. 이렇게 되면서 거대 기업이 속속 탄생하게 된 거고.

할아버지, 아까 2가지 사건이 있었다고 말씀하셨어요. 아직 하나는 말씀 안 해주셨고요.

오늘날 우리가 사는 지구를 지배하는 거대한 다국적 기업들이 생겨나는 데 '우호적인 상황'을 만들어준 두 번째 사건이 뭐냐면, 인간의 창의성 덕분에 쉼 없이 진행된 기술혁명이지. 특히 20세기 서양의 전자, 정보, 천체물리, 통신 분야에서 말이다.

소비에트 연방이 최초의 인공위성인 스푸트니크 1호를 우주로 보낸 때가 1957년이었어. 1964년부터는 인텔샛Intelsat 같은 다국적 기업이 위성으로 통신 서비스를 제공할 수 있게 되었고. 그 후, 수천 개의 통신용 위성이 상시적으로 지구 주위를 돌게 되었지. 같은 시기에 대형 컴퓨터가 만들어져서 엄청나게 복잡한 금융이며 무역 관리를 순식간에 해결할 수 있게 되었단다. 이 도구들 덕분에 헤아릴 수 없이 많은 이익 거점들을 동시에 경영하는 일도 가능해졌어. 오늘날 스위스 취리히에 있는 UBS 금융기관 본점의 직원은 도쿄 지점의 직원과 빛의 속도, 그러니까 초속 30만 킬로미터 속도로 교신한단다.

우와, 엄청나군요. 할아버지는 자본주의의 가공할 만한

위력을 대단히 강조하시네요. 마치 그게 커다란 위협이라도 되는 것처럼 말이죠. 그러니까 소비에트 연방의 붕괴와 방금 말씀하신 여러 기막힌 기술 발명 덕분에 자본주의가 한 단계 도약할 수 있었다, 이런 말씀인 거죠?

너도 이 할아버지가 2000년부터 2008년까지 최초의 유엔 식량특별조사관으로 일했던 걸 기억할 게다. 난 이 자격으로 레만 호숫가 베베이^{Vevey}라는 곳에 위치한 네슬레 사령부에 초대받아 간 적이 있어. 유리와 강철로 지어진 이 건물의 엄청나게 큰 벽에는 세계 곳곳에 흩어져 있는 수백 개의 공장과 창고, 매장, 이익센터 들이 전시되어 있더구나. 수없이 많은 색색의 작은 전구들이 그 패널 위에서 깜빡였지.

나를 안내해주던 그곳 대표는 뛰어난 교육가답게, 내게 이렇게 말해주었지. "세계 각 대륙에서 우리가 벌이고 있는 모든 활동 내역을 여기에서 실시간으로 확인할 수 있습니다. 이 벽을 한번만 들여다보면 일목요연하게 알 수 있다니까요… 요즘 시대의 컴퓨터 덕분에 가능해진 기적이죠. (…) 우리의 마르세유 공장에서 오늘 페리에 탄산수가 몇 병 생산되었는지 한번 볼까요? 또, 카라치^{Karachi}에서는 퓨어라이프 생수가 몇 병 생산되었는지 궁금하십니까? 미국의 우리 직원이 몇 명인지, 오늘 아침 칠레

치프로달^{Chiprodal}에 있는 우리 회사에서 우유를 몇 헥토리터나 처리했는지도 알려드릴 수 있습니다. 어떤 단추를 누르면 되는지 제가 가르쳐드리죠."

이 거대한 제국, 통신 인공위성과 슈퍼컴퓨터의 출현으로 건설 과정에서부터 하루하루의 생산 관리에 이르기까지 모든 것이 가능해진 이 제국은 어마어마한 잉여 가치를 창출해내고 있지. 달리 부르자면 천문학적인 자본을 말이야. 석유회사 엑손모빌^{Exxon Mobil}의 대차대조표 상에 드러난 자산은 오스트리아의 국내총생산을 넘어서며, 제너럴모터스^{General Motors}의 자산은 덴마크의 국내총생산을 훌쩍 뛰어넘는단다.

산업 자본, 상업 자본, 부동산 자본 등 현재 존재하는 모든 형태의 자본 가운데 1가지는 자율화되었어. 바로 금융 자본이지. 이것에 대해서 너한테 지금 한마디 덧붙여 줘야 할 것 같구나.

금융 자본이 뭔데요? 전 자본은 항상 많은 양의 돈, 즉 금융 자본이라고 믿고 있었거든요.

아니, 그렇지 않아. 자본은 편의상 내가 앞서 설명한 '경제 자본'과 '금융 자본'으로 구분하거든. 민간 다국적 기업들이 가지고 있는 수백억 유로 혹은 달러는 금융 자본의 일부라고 할 수 있는데, 이 특이한 자본이 오늘날 세계를 지배하면서 다른 모든 형태의 자본들 위에 군림한단다. 이 자본은 실제적인 상품을 생산하고 판매해서 얻은 자산이 아니라 엄격하게 금융 자산으로 분리되지.

무슨 말인지 설명해주마. 금융 자산은 말하자면 거래소를 거처로 삼는 자산이란다. 거래소는 뭔지 아니?

증권을 사고팔도록 제도적으로 정해져 있는 곳이잖아요, 맞죠? 흥분해서 고함을 지르는 트레이더들이 일하는 곳. 미국 영화에 자주 나오잖아요….

거래소는 아닌 게 아니라 자본주의 시장 경제가 상품, 원자재, 화폐, 증권 등의 자산을 교환하고 가격을 결정하기 위해, 요컨대 사업 거래가 이루어지도록 하기 위해 정착시킨 제도지. 거래소의 트레이더들은 금융 시장의 중개인이라고 보면 된단다.

금융 자본은 절대 잠이 드는 법이 없어. 코카인을 흠뻑 들이마신(최고의 실력을 보여야 하고, 숨 가쁜 리듬을 따라잡아야 하니까) 도쿄 거래소의 트레이더들이 지쳐 침대에 쓰러질 때 런던, 프랑크푸르트, 파리에서 일하는 그들의 동료들은 벌써 열에 들뜬 눈을 컴퓨터 화면에 고정시킨 채 순간순간의 투기를 통한 이익을 찾아다니지. 유럽의 트레이더들이 기진맥진할 때면 이번엔 뉴욕, 몬트리올, 시카고의 트레이더들이 컴퓨터 화면 앞으로 모여들고. 정보가 유통되는 속도는 지구상 각 지역의 거리를 나날이 좁혀 들어가. 그래서 전통적인 시공간적 관계, 다시 말해서 지난 시대의 문명을 특징짓던 '주어진 공간에 따르는 시간'의 개념을 제거해버린단다.

무엇보다도 금융 자본은 모든 세계 경제 위에 진정한 의미에서의 독재 체제를 세웠어. 제 아무리 막강한 사업가라도, 무역 제국의 황제라도 거래소에 의존하지 않고는 살 수 없는 세상이 되어버렸지. 회사를 세우기 위해서 혹은 이미 세운 회사를 발전시키기 위해서 사업가는 투자자들에게 도움을 요청해야 하고, 그들은 그 대가로 주식을 받는 거야. 자기 회사가 거래소에 등록을 하면 주식의 가치는 주식 시장의 판도에 따르게 되는 거지. 매 순간 도쿄, 뉴욕 혹은 다른 곳에 있는 거래소 트레이더들에 의해 결정된 주가는 회사 경영자의 결정을 좌우할 뿐 아니라 경영자 개인의 경력도 좌지우지한단다.

누가 그 모든 것을 지배하는데요?

독일 수상도, 미국 대통령도 아침에 집무실에 출근하면 제일 먼저 하는 일이 전날 거래 자료를 살피는 일이야. 그래야 자기들이 재정 운용 정책이나 투자 정책에 대해 어느 정도로 선택의 폭을 가질 수 있는지 판단할 수 있으니까.

방금 누가 세계 경제를 지배하느냐고 물었지? 그건 말이다, 아주 정확하게 말해서 '소수 지배자들', 즉 세계화된 금융 자본을 장악하고 있는 자들이야. 국적이며 종교, 문화는 다 달라도 똑같은 생명력과 똑같은 탐욕, 약자에 대한 똑같은 멸시, 공공재에 대한 똑같은 무지, 우리의 지구와 그곳에 사는 사람들에 대한 맹목적인 몽매함으로 하나 되는 몇몇 사람들이 세계 경제를 지배한단다. 그들이 그야말로 막강한 권력과 부를 지니고 있기 때문에, 진정한 의미에서 이 지구의 지배자들이라고 할 수 있어.

할아버지, 저는 그래도 노동조합과 진보 정당 들이 할아버지가 '지구의 지배자들'이라고 부르는 자들에게 최소한의 기준과 행동 규범은 강제하는 데 성공했다고 믿고 있었어요….

조라야, 오늘날 노동조합을 통한 투쟁은 그 어느 때보다도 힘들단다. 노동자들이 자기 주인을 알던 시대는 벌써 지나갔지. 1892년 프랑스 타른 지방의 카르모Carmaux에서 3,000명의 광부들과 유리공들이 자기 권리를 찾고자 프랑스 역사상 가장 강경한 파업에 돌입한 적이 있어. 그때 장 조레스Jean Jaurès라는 정치가는 광산 소유주인 솔라주 후작Jérôme Ludovic de Solages과 레이유 남작René Reille을 공개적으로 비판했지. 그러자 여론이 끓어오르면서 결국 광산 소유주들은 광부들의 요구에 굴복했어.

오늘날엔 그 같은 일이 일어나리라고 기대하기는 불가능하단다. 소수 지배자들, 곧 공장과 영업망, 은행과 주식회사를 장악하고 있는 각종 투자기금과 대주주 들은 일종의 가면을 쓴 채 익명성 속에서 활동하거든. 그들의 진정한 정체를 아는 사람은 아주 드물지. 익명이니만큼 밖으로 드러나 보이지도 않고, 기업에서 수천 킬로미터는 떨어진 곳에 살기 일쑤니까. 그러니 여론 몰이를 통해 그들에게 반대한다는 건 아주 어렵지.

하지만 할아버지, 저는 여전히 그 과두 집권 체제라는 게 어떻게 운영되는지 잘 모르겠어요. 완전히 불공평하잖아요! 어떻게 몇몇 사람이 도처에서 자기들 마음대로 세상을 움직일 수 있죠? 더구나 나름대로의 법과 경찰, 군대를 구비한 나라에서조차 어떻게 그런 일이 가능한지 도무지 이해가 되지 않아요.

이 할아버지가 직접 겪은 사례를 하나 들려주마. 좀 긴 이야기가 될 텐데, 그래도 그 몇몇 부자들 때문에 나머지 사람들이 어떻게 사는지 네가 확실하게 이해하게 될 거야.

예전에 과테말라에 간 적이 있었어. 유엔 식량특별조사관으로서 수행한 위험하고도 복잡한 임무들 가운데 하나 때문이었지. 과테말라는 숨이 막히도록 아름다운 나라란다. 태평양과 카리브해 사이에 위치해 있어. 면적이 10만 제곱킬로미터에 이르는 국토는 울창한 밀림과 해안 지역의 비옥한 농토, 화산으로 이루어진 산맥들과 암석으로 형성된 고원 지대로 이루어져 있지. 약 1,500만 명 정도 되는 주민의 대다수는 고대 마야 문명을 이룬 민족의 후손이야. 태평양 연안으로는 매우 비옥한 검은 대지 위로 바나나, 토마토, 멜론, 파인애플, 아보카도, 키위 농장들이 끝도 없이 이어진단다. 이 농장들은 전부 유나이티드 프루트, 델몬트 푸드, 유니레버 제너럴 푸드 등의 거대 다국적 기업이 소유하고 있지. 산허리 비탈길도 계단식 농지로 일궈서 커피 관목을 재배하더구나.

계절 단위로 고용되지 못하고 하루하루 쥐꼬리만큼도 안 되는 삯을 받으며 핀카^{finca}(외국인들 소유의 농장 또는 원주민들이 경영하는 대농장)에서 품을 파는 마야족 노동자들은 가족들과 함께 바위투성이 고원 지대로 삶의 터전을 옮겨야 했어. 그들은 계곡 주변에, 케브라다^{quebrada}(협곡을 뜻하는 스페인어 – 옮긴이) 꼭대기에, 가파른 경사면에, 옥수수를 몇 대 심거나 못 얻어먹어서 말라비틀어진 돼지 몇 마리를 키우고 우물을 파서 근근이 목숨을 부지해나가는 거야. 나뭇가지들을 얼기설기 엮은 움막에서 살다가 태풍이 몰아치는 계절이 되면 움막마저 무너져버리는 비극을 반복하는 거지.

나는 동료들, 통역들, 유엔 소속 치안 요원들과 더불어 호코탄^{Jocotán} 산맥에서 보낸 그 며칠을 죽을 때까지 잊지 못할 게다. 날씨가 맑은 날엔 2,000미터 아래 '검은 대지'가 또렷하게 내려다보였어. 미국 델몬트 회사의 농장들이 수십 킬로미터에 걸쳐 늘어서 있는 아랫동네 말이다.

더위가 어찌나 맹렬한지 우리는 주로 밤에 일을 해야 했어. 그곳 상황을 소상하게 알기 위해서 현지 방문에 나선 거였는데, 굶주리고 이도 다 빠지고 퀭한 검은 눈만 반짝이는 마야족 여인들은 통 말이 없더라고. 얼핏 보기에도 잔뜩 적대적인 표정으로 눈을 땅바닥 쪽으로 내리깔고는 통 입을 열려고 하지 않았어. 사흘째 밤이 끝나갈 무렵, 드디어 기적이 일어났단다. 마을 광장 한가운데 놓인 나무 벤치에 앉아보라는 초대를 받게 된 거야. 우리는 이내 마을 남자들에게 에워싸였지. 나이 지긋한 어르신들이 먼저 입을 열었어. 우리는 그 사람들이 무척 놀라는 중이었다는 걸 조금씩 느끼기 시작했지. 우리의 방문에 마을 사람들은 호기심을 가졌고, 어쩌면 불안한 마음도 있었을 거야. 하지만 그럼에도 관심들은 많았던 모양이었어.

백인들이 하얀 눈과 같은 색깔의 대형 SUV 차량을 여러 대씩 몰고 들이닥쳤는데, 허리춤엔 총도 없고 오만하지도 않은 데다, 여자건 남자건 이들이 원하는 거라곤 그저 자기들이 어떤 상황에서 생활하는지에 대해 이야기나 나누고 자기들이 하는 말을 기록하는 것뿐이라니. 원주민들은 이 백인들이 어쩌면 자기들에게 호의적인 사람들일 수도 있겠다는 생각이 들었던 게지. 물론 마을 사람들은 유엔이 무엇을 하는 곳인지에 대해선 전혀 알지 못했어. 하지만 그들 보기에 통역을 통해서 그들에게 질문을 하는 백인은 왠지 힘이 있는 것 같았을 거야. 대형 자동차를 타고 남녀 여러 명을 대동하고 왔을 뿐 아니라 함께 온 사람들은 모두 행색이 멋졌으니까. 이런 식으로 그들과의 사이에 점차 신뢰가 생기면서, 마침내 우리는 우리가 가져간 식품들을 그들과 나눠먹기에 이르렀지.

오늘날 과테말라에서는 토지 소유주 중 1.86퍼센트에 해당하는 외국인 혹은 내국인이 경작 가능한 땅의 67퍼센트를 차지하고 있어. 이 나라엔 47개의 거대한 농원이 있으며, 각각의 농원은 면적이 최소한 3,700헥타르가 넘어. 나머지 90퍼센트에 달하는 내국인 토지 소유주들은 평균적으로 1헥타르 혹은 그보다 작은 땅만 가지고 있지.

유엔 식량특별조사관으로 일하는 동안, 내가 과테말라 관련 보고서만큼 공을 들이고 신경을 써서 건의 사항을 작성한 적이 없었던 것 같구나. 우리가 유엔 인권위원회에, 그리고 유엔 총회에 차례로 제출한 주요 건의 사항엔 다음과 같은 내용이 포함되었지. 국가적으로 토지대장을 작성하고 농지 개혁을 실행할 것, 군사법정에서 토지 관련 분쟁에 대한 재판 권한은 제외시킬 것, 헌법 조항을 통해 원주민 공동체가 그들이 사는 땅의 지표면과 지하를 자유롭게 사용할 수 있는 권리를 보호해줄 것, 농업신용은행을 신설할 것, 농업 일용직 노동자들의 파업권을 합법화할 것, 농장 노동자들의 노동조합 설립을 합법화할 것, 실업보험을 농업 일용직 노동자들에게도 확대할 것 등이었어.

그래서 할아버지는 그 사람들이 그 모든 사항들을 지키도록 하는 데 성공하신 거예요? 와, 정말 잘되었네요!

아니, 성공하지 못했으니 문제지! 유엔에서 모든 현장 업무 보고서는 임무가 끝난 지 6개월 이내에 사무총장에게 제출되어야 한단다. 그러면 사무총장이 그걸 승인한 다음에 우선 인권위원회에, 다음으로는 총회의 논의에 올리도록 되어 있어. 건의 사항이 표결에 부쳐져 통과되면 그땐 국제 공법의 새로운 규정이 되는 거지.

사실 나는 우리가 승리할 확률이 매우 낮다는 걸 잘 알고 있었어. 보고서의 내용을 이미 전해들은 적들은 막강하고 단호했으며, 조직력도 뛰어났지. 싸워보기도 전에 이미 패배가 결정된 거나 다름없었단다. 유엔에서는 유엔 주재 미국대사가 나를 집중공격했지. 그 자는 애리조나 출신으로 제약계에서 큰 재산을 일군 사람이었는데, 사유재산권을 무시하고 시장의 자유로운 활동을 마비시키는 '공산주의적인' 사항들을 제안한다면서 대놓고 나에게 인신공격 수준의 격한 반격을 가하더구나.

모든 농지 개혁은 자본주의자들에게는 파문, 바꿔 말하면 신성불가침인 시장의 자유에 대한 도저히 용납할 수 없는 도전에 해당되니까. 북아메리카에서 성장한 민간 거대 다국적 기업들이 물밑 작업을 벌였고, 유엔 주재 미국대사는 그들의 앵무새였다고 봐야지. 유엔에서 워싱턴 행정부는 여러 개의 위성을 보유하고 있어. 충복처럼 일하는 하수인이 많다는 말이지. 인권위원회에서 총회에 이르기까지, 미국 정부는 별다른 어려움 없이 우리가 작성한 보고서에 적대적인 표를 많이 긁어모았어. 북아메리카의 민간 거대 다국적 기업들이 내 보고서를 물 먹이기로 작정했고, 결국 일은 그들의 뜻대로 진행되었지.

아니, 그렇다면 아무것도 할 수 없다는 말인가요? 참으로 끔찍하기 이를 데 없네요!

네가 방금 한 그 말이, 더 이상 정확할 수 없게 꼭 맞는 말이로구나. 1821년 스페인제국으로부터 독립한 과테말라엔 지금까지도 토지대장이란 것이 없어. 자기 영토를 더 넓히고 싶은 대농장의 소유주는 이웃한 마야족 마을에 피스톨레로pistolero(총잡이를 뜻하는 스페인어 – 옮긴이)를 파견하지. 피스톨레로는 거기 가서 농부와 아녀자를 몇 명쯤 살해해. 그러면 나머지 마을 사람들이 잔뜩 겁을 집어먹고는 산으로 도망치거든. 토지대장이 없으니 농지 개혁이나 토지의 재분배를 실시할 아무런 기술적 수단이 없는 거야. 왜냐, 네 땅 내 땅의 경계가 명확하지 않으니까. 유니세프는 2015년에 과테말라 어린이들에 관한 보고서를 발표했지. 그해에 이 나라에서는 10세 미만 어린이 11만 2,000명이 기아로 목숨을 잃었단다.

아니, 중앙아메리카의 거대 다국적 기업들은 정말이지 끔찍하고 뻔뻔하네요!

암, 조라야, 그렇고말고. 그런데 그들만 그런 식으로 행동하는 게 아니란다. 글로벌 금융 자본의 제후들 역시 아프리카에서 똑같은 방식으로 처신한단다. 내가 예를 들어볼까?

네, 말씀하세요, 잘 들을게요.

너도 알다시피 할아버지는 지금까지 휴대전화를 거부해왔어. 루쌩의 우리 집 테이블 위에서 네 할머니 에리카의 검정색 휴대전화가 굴러다니는 걸 볼 때마다 이 할아버지는 '키부Kivu'를 생각한단다. 키부는 콩고 동쪽, 화산들로 이루어진 비룽가Virunga 산맥 아래쪽에 널리 펼쳐진 초원과 호수 지대로, 아주 근사한 풍광을 자랑하는 곳이야. 그곳에 외따로 떨어진 광산 지대에서 민간 기업들이 콜탄을 채취하지. 이 지역은 단단히 무장한 용병들이 지키고 있어.

콜탄이라고 하는 광물은 오늘날 금이나 은보다 더 귀한 취급을 받는데, 그건 바로 이것이 비행기 동체와 휴대전화를 비롯해 선진국 국민들의 삶에 없어서는 안 되는 수많은 물건들을 만드는 데 사용되기 때문이란다. 그러나 1가지 문제가 있는데, 바로 이 광물이 채취가 매우 어려운 곳에 매장되어 있다는 점이야. 간혹 갱도가 너무 좁아서 몸이 마른 어린아이들만 들어갈 수 있는 곳도 있어. 콜탄의 광맥은 주로 지하 10~20미터 정도에 있는데, 암석들이 부서지기 쉬워서 낙석도 빈번해. 그래서 어린아이들이 산 채로 매장되어 질식사하는 사고도 일어나지. 이 광산 소유주들을 위한 노동력을 찾으러 다니는 사람들은 쉴 새 없이 키부 북부 마을들을 누비고 다닌단다. 광산에서 일할 어린아이들을 뽑기 위해서 말이다.

광산이라는 지옥은 콩고 동부 지역에서는 모르는 사람이 없을 정도로 잘 알려져 있어. 아이 엄마들도 잘 알고, 10살에서 12살 먹은 아이들도 잘 알지. 그들은 갱도 이야기만 꺼내도 겁을 집어먹고 벌벌 떨 정도야. 하지만 키부에는 기아와 내란, 용병들의 약탈 행위, 수확한 카사바 도둑질 등이 횡행하지. 많은 어린이들은 광산에 가는 것만이 가족들이 굶어죽지 않을 수 있는 유일한 방법임을 잘 알고 있어. 좁은 갱도가 주는 공포에도 불구하고 많은 소년소녀가 광산 인력 보급 담당자를 따라나서는 것도 다 이 때문이지….

그렇다면 콩고라는 나라는 자기 나라 국민을 보호할 생각은 않고, 두 손 놓고 가만히 보고만 있다는 말인가요?

키부에 국가란 존재하지 않아. 이해하기 쉽게 예를 들어 설명하마. 광산에서 캐낸 콜탄은 르완다 번호판을 단 트럭에 실려서 고마Goma에서 국경(모두들 '대형 방벽'이라고 부르지)을 넘은 다음, 루헹게리Ruhengeri를 거쳐 키갈리Kigali로 가게 되지. 그런 후에 르완다를 벗어나 케냐로 들어가서 인도양을 따라 달려 몸바사Mombasa 항구에 도착하게 되는 거야. 그러면 거기서 그 귀중한 화물은 일본, 중국, 유럽, 북아메리카 등지의 산업 국가 시장으로 운반되는 거지.

글렌코어Glencore, 프리포트-맥모란Freeport-McMoRan, 리오 틴토Rio Tinto, 그 외 다른 민간 거대 다국적 기업들의 지배력은 콩고 동쪽에서 아주 다양한 형태로 나타난단다. 글렌코어는 거기서 어마어마하게 큰 구리 광산을 개발하고 있지. 구리 채굴엔 콜탄과는 다른 체제가 이용되고 있어. 지역의 소규모 기업들이 광물을 채굴하면, 캐낸 광물을 중개인들이 사서 콩고 국영 채석장·광산 관리 회사에 되파는 거야. 그 국영 기업은 엄청나게 부패한 것으로 유명하지. 콩고 국영 기업은 사들인 광물을 다시 민간 거대 다국적 기업들에게 팔아넘기는 거고.

그곳에서 쥐꼬리만 한 임금을 받으며 하루 종일 용병들의 총구 앞에서 위협을 받으면서 키부의 콜탄 광산에서 일하는 어린이, 청소년 들의 두려움에 가득 찬 눈길, 굶주림 때문에 바싹 마른 가냘픈 몸집을 난 평생 잊지 못할 게다. 그 지역은 이 전략적인 광물의 전 세계 매장량 중 60~80퍼센트를 보유한 곳이야.

가장 최근에 세계적으로 명망 높은 언론 가운데 하나가 키부에 관심을 보인 유일한 순간은 2000년 성탄절 무렵이었지. 소니가 생산하는 그 유명한 플레이스테이션 2가 콜탄에서 얻을 수 있는 자원인 탄탈의 부족으로 유럽 상점에서 자취를 감추었기 때문에.

그 어린이 노예들 말인데요, 아무도 그 아이들을 돌봐주지 않나요?

밀림 속에 위치한 광산에서 요행히 탈출하는 데 성공한 소년 소녀 수백 명은 부카부^{Bukavu}와 고마의 길거리를 떠돈단다. 소수의 인도주의 단체들이 이 아이들을 도와주려 애를 쓰고 있어. 아이들의 상처를 보듬어주고 식사와 잠자리를 제공해주는 식으로 말이지. '부아 리브르^{Voix libre}'는 이 중 가장 효율적인 기관들 가운데 하나로, 마리안 세바스티앙^{Marianne Sébastien}이라는 제네바 출신의 뛰어난 여성이 이끌고 있어.

그 범죄적인 무역 말인데요, 그걸 중지시키자고 나서는 사람이 아무도 없나요?

예전에 미국의 대통령이었던 버락 오바마가 비인간적인 조건에서 채굴된 광물의 이력 추적을 가능하게 하는 법률안을 미국 의회에 제출했단다. 오바마의 표현을 빌리자면, 이러한 '갈등 유발 광물^{conflict-minerals}'은 북아메리카 시장에 발을 붙일 수 없도록 해야 한다는 거지.

그런데 그게 뜻대로 잘 안 되었나요? 상황이 조금도 달라

지지 않은 거예요?

그렇단다. 안타깝게도 거의 달라지지 않았지…. 대다수의 광석들은 녹일 수가 있거든. 다른 합법적인 광물들과 혼합될 수 있다는 말이지. 게다가, 엄청난 수단을 동원할 수 있는 광산계의 거물들이 대대적으로 나서서 오바마의 법률안이 폐기되도록 똘똘 뭉쳤어.

세계에서 가장 강력한 광산 재벌인 글렌코어는 지주회사, 그러니까 모든 이익센터의 상부에 군림하는 회사를 스위스의 추크Zoug주에 등록했어. 그런데 이 조세 피난처에서는 지주회사의 연간 과세 부담이 실제 매출액의 0.2퍼센트에 불과하단다. 그러니 글렌코어제국의 해도 절대 지지 않는다고 해야겠지….

도대체 그런 광업 회사들은 어떻게 법망을 우회하는 거죠? 법의 규제를 슬그머니 피한다는 건 아주 복잡하고 까다로운 일일 텐데 말예요!

마음 놓으렴, 조라야! 그 회사들은 걱정할 필요가 없어. 워싱턴에 구축해둔 인맥을 통해서 엄청난 권력을 동원했거든. 오바마에 이어서 미국의 대통령 자리에 오른 도널드 트럼프가 광산 거인들 앞에 납작 엎드렸다는 말이지. 그가 그런 회사들을 방해 하던 성가신 법을 없애버렸어.

그러니까 그 민간 거대 자본주의 기업들이 세계에서 제일 강력한 국가인 미국보다도 힘이 세다는 말인가요?

아주 정확하게 맞는 말이야! 조라 넌 이 할아버지가 한 말을 완전히 다 이해했구나.

하지만 우리 다시 콩고로 가보자꾸나. 콩고 동부 지역엔 그 어떤 공권력도 존재하지 않는단다. 면적이 프랑스의 2배도 넘는 데 말이다. 상당수의 광산 제후들은 채굴허가권도 정식으로 획 득하지 않고, 수출세도 지불하지 않지. 법인세를 한 푼도 내지 않는 건 말할 것도 없고 말이야.

키부호수의 북쪽 연안, 비룽가 화산 지대의 최정상에 위치한 고마는 주민 수가 40만 명 정도 되는 소도시란다. 그런데 이 도 시엔 정상적으로 운영되는 병원이 하나도 없어. 일상적으로 사 용되는 대부분의 약품들도 턱없이 모자라고. 그래서 그곳에서 는 독사에게 물렸거나 염증으로 괴로워하는 어린아이들이 치료도 제대로 받지 못하고 그냥 죽게 되지.

양심도 없는 도적떼들 같으니라고! 정말로 미워하지 않을 수 없네요!

미워하는 건 아무짝에도 쓸모가 없어, 조라야. 현실을 똑똑히 이해해야 해. 너도 학교에서 이름을 들어봤을 거라고 생각하는데, 장 폴 사르트르Jean-Paul Sartre라는 철학자가 "인간을 사랑하기 위해서는 그들을 억압하는 '것'을 강력하게 증오해야 한다"고 말했지.

여기서 중요한 단어는 '것'이야. 세상의 주인입네 하는 자들의 도덕적·심리적 자질, 심지어 그들의 주관적인 의도가 문제가 되는 게 아니란다. 델몬트나 골드만삭스, 유니레버Unilever, 텍사코Texaco 또는 글렌코어의 사장이 좋은 사람이냐 나쁜 사람이냐가 중요한 게 아니지. 왜냐하면, 그 사람들은 너 나 할 것 없이 모두 사회학에서 '구조적 폭력'이라고 부르는 것에 복종하게 되어 있기 때문이야. 무슨 말이냐고? BNP 파리바BNP Paribas나 사노피Sanofi의 사장이 자기 회사 주가를 해마다 10~15퍼센트 올리지 못하면, 그는 3달 내에 사장 자리에서 쫓겨나게 되어 있다는 뜻이지.

사르트르는 "적을 알고 적과 싸워라"라고 말했어. 다시 말하지만, 개별적인 인간을 미워하는 건 아무 소용이 없어. 반드시 이 세상을 지배하는 자본주의 질서를 이해해야 해. 그 질서란 결국 식인 제도와 다를 바 없고. 보스턴에 사는 내 동료이자 친구 놈 촘스키Noam Chomsky는 민간 거대 다국적 기업을 가리켜서 "불멸의 거인"이라고 하는데, 이 할아버지는 그보다 평범하게 '냉혈 괴물'이라고 부르지.

할아버지, 만일 우리 인류의 미래가 무시무시한 권력을 쥔 소수 지배자들에게 달려 있다면, 그리고 그 소수 지배자들이 인류에게, 또 자기들끼리도 피도 눈물도 없이 냉혹하다면, 인류는 굉장히 큰 위험에 처해 있는 거 아닌가요?

그게 바로 내가 염려하는 거야. 세계화된 금융 자본을 지배하는 소수 집단은 매일 이 지구상에서 누가 살아야 하고 누구는 죽어야 하는지 결정하지. 그들이 내세우는 정책이란 극단적인 실용주의에 물들어 있는 데다 수많은 내적 모순을 안고 있어. 그들 내부에도 반대파들이 있어서 싸움이 그치지 않으니까. 극심한 경쟁이 그 체제 전반을 관통하고 있단 말이지. 서로 세상의 주인이라는 사람들 사이에서 피 터지는 전투가 계속되고 있다고. 그들이 휘두르는 무기로는 강제 병합, 기업의 해외 이전, 적대적 주식 공개매입, 과점 지역 구축, 덤핑 또는 정보 조작을 통한 적의 파멸 등을 꼽을 수 있지. 암살은 드물지만, 필요하다면 이 '세상의 주인'들은 그런 극단적인 방법의 사용도 주저하지 않는단다.

하지만 자본주의 체제 전체에 대해서든 그중 필수적인 조각 하나에 대해서든, 어떠한 위협이 감지되거나 단순히 이의가 제기되는 순간 소수 지배자들과 그들의 충직한 하수인들은 하나로 똘똘 뭉치지. 권력 의지와 탐욕, 무제한적인 권력 행사에 취해서 전 세계의 민영화에 죽기 살기로 매달리는 거야. 민간화야말로 그들에게 도를 넘는 특권과 헤아릴 수 없이 많은 혜택, 천문학적인 수입을 보장해주니까. 그 때문에 이 할아버지는 과테말라에서 실패한 거고….

그런데 왜 그토록 착취당하는 나라의 정부는 그들에게 항의하지 않는 건가요? 그처럼 어마어마한 금융 권력 앞에서 무기력하기 때문인가요?

아주 좋은 질문을 했구나, 조라야. 솔직히 소수 지배자들만 죄인인 건 아니야. 세계화된 금융 자본 포식자들, 그들의 군사 제국과 그들이 거느린 무역·금융 조직에 속한 용병들이 일반 민중에게 가하는 파괴와 약탈, 고통도 있어. 게다가 여기에 부패와 배임으로 인한 고통까지 더해야 해. 부패와 배임은 많은 정부에서 거리낌 없이 이루어지는데, 특히 제3세계에 속하는 국가에서 이런 일이 자주 발생한단다.

왜냐고? 그건 말이지, 금융 자본에 의해 유지되는 세계의 질서란 현지 정부의 적극적인 공모와 부패 없이는 제대로 기능할 수 없기 때문이야. 취리히 출신의 목사, 발터 홀렌베거Walter Hollenweger는 이런 상황을 다음과 같은 말로 요약했어. "우리나라 부자들의 편집증적이고 무제한적인 탐욕은 이른바 개발도상국에 속하는 많은 나라의 엘리트 계층에 만연한 부패와 결합하여 거대한 살해 음모가 되어가고 있다. (…) 전 세계 곳곳에서 날이면 날마다 '베들레헴의 죄 없는 아기들에 가해진 대학살'이 반복되고 있다."*

---

*여기서 대학살이란 신약성서 〈마태복음〉에 등장하는 내용으로, 예수의 등장을 두려워한 헤롯왕의 명령에 따라 베들레헴 인근의 2살 미만 사내아이들이 모조리 죽임을 당한 사건을 가리킨다(옮긴이).

5

풍요의 경제 뒤,
어두운 이면

할아버지 말씀대로라면, 자본주의는 전 세계에 분포되어 있는 체제죠. 그 말은 즉 할아버지와 저, 우리 둘 다 그 체제 안에서 살고 있다는 거고요. 하지만 우리는 불행하지 않잖아요!

너하고 나, 우리 두 사람은 당연히 그 체제 안에서 살고 있지. 그런데 몹시도 불평등한 이 체제 안에서 우리는 말이다, 분명 제일 덜 고통받는 사람들 쪽에 있다고 봐야 해. 앞서 세계화에 대해서 이야기했지? 그러니까 소수 지배자들, 즉 세계화된 금융 자본을 장악한 집단이 지구를 통치하는 그 현상 말이다.

네, 저도 이제 그건 잘 알아요.

좋아, 잘되었구나! '세계화'라는 용어는 사실 오해를 낳기 딱 좋지. 자본주의자들이 만들어놓고 통치하는 세상이 전부 똑같이 생긴 건 아니거든. 오히려 각양각색의 섬들이 옹기종기 모여 있는 군도하고 비슷한 모습이라고 할 수 있어.

그게 무슨 뜻이죠? 스위스는 섬이 아니잖아요!

이 말은 일종의 은유야. 군도는 서로가 서로에게 가까이 있으면서 중요한 관계를 유지하는 섬들의 총체를 가리키는 말이지. 그래서 일부 사회학자들이 거대 도시들 간의 경제망, 금융망을 가리켜 비유적으로 '군도의 경제학'이라는 표현을 쓰기도 한단다. 거대 도시들이란 다름 아니라 지구상의 거대 산업 중심들을 말해. 이들은 서로 강력한 상호의존적 관계를 유지하는데, 그 강력한 관계가 각각의 국가들이 느슨하게 점 찍듯 그려내는 모자이크를 보이지 않게 덮어버리는 거야. 번영을 추구하는 이 도시들 사이에서 국가라고 하는 존재들은 흔적도 없이 역사에서 사라져 버린단다. 마치 유령선처럼 말이야.

한편 조라 너는 지구상에서 제일 번영을 누리는 이 군도에서
도 제일 힘이 센 섬, 다시 말해 서유럽에 살고 있어. 맞아, 우리
는 자본주의 체제 속에 살고 있지. 오늘날 우리의 전체 삶을 특
징짓는 사회 형태란 곧 '소비 사회'라고 할 수 있어.

맞아요. 수업 시간에도 그런 점에 대해서 이야기했어요.
우리들이 물건을 계속 사도록 만드는 광고며 패션이며 하
는 것들…. 시내나 대형 쇼핑몰을 돌아다니다 보면, 무지
무지하게 많은 이 물건들을 누가 다 살까 하는 생각이 들
어요.

소비 사회란 아주 특별한 유형의 사회지. 제2차 세계대전이
끝난 후 1950~1960년대에 자본주의자들이 군도의 잘 나가는
섬들에 그런 사회를 만들었단다. 전쟁이 끝났으니 평화 시대의
경제를 새로 건설해야 할 필요가 있었거든.
자본주의가 제대로 굴러가려면, 자본의 축적이 원활하게 이
루어지려면, 그래서 지속적으로 더 많은 이익을 창출하려면, 항
상 더 많은 양의, 더 다양화된, 더 경쟁력 있고 혁신적인 생산이
필요했어. 그러려면 생산 리듬의 가속화가 필수적이었지. 그 결

과, 소비 사회는 그 사회에 거주하는 시민들을 위해 '풍요'라고 하는 것을 창출해냈어. 소비 사회가 섬기는 여신이란 다름 아니라 상품들이지. 소비자들은 상품에게 영혼을 파는 셈이야.

소비 사회는 아주 간단한 몇 가지 원칙에 입각해서 세워졌단다. 구성원들은 사도록, 다시 말해서 소비하도록, 산 것을 버리고 또 다시 최대한 많은 양의 상품을 사들이도록, 필요하지 않아도 자꾸 새로운 상품을 사도록 부추김을 받는 거야. 그러자니 그 상품들은 애초부터 짧은 기간 동안만 사용 가능하도록 기획되었고.

네 할머니가 항상 할아버지한테 하는 얘기가 있는데 말이지. 젊었을 땐 할머니도, 할머니 친구들도 스타킹 사느라 돈을 엄청 많이 썼대. 무슨 말인고 하면, 전쟁 직후에 나온 나일론 스타킹이 너무 질겨서 오래 쓸 수 있으니 스타킹 판매량이 곤두박질친 거야. 그래서 스타킹 제조업자들은 나일론사의 성분을 조절하는 꾀를 냈지. 그 덕에 스타킹은 걸핏하면 올이 풀리게 되었고, 가엾은 여인들은 거의 매주 새 스타킹을 장만해야 했다지 뭐냐.

그런가 하면 요즘 시대엔 휴대전화라는 물건도 잘 들여다볼 필요가 있어. 휴대전화는 굉장히 망가지기 쉬운 물건이지. 그리고 새로 등장하는 모델은 항상 이전 것보다 복잡한 기능들을 탑재하고 있어. 말하자면 새로운 소프트웨어가 오래된 소프트

웨어를 쫓아내는 거지! 그러면 할 수 없이 새 전화기를 사야 하는 거고. 아마 처음부터 휴대전화는 최대한 빨리 교환하고 싶은 마음이 나도록 고안되었을 게다.

이렇게 교체 리듬이 가속화되도록 고의로 물건의 수명을 단축하는 것을 흔히 '계획적 구식화'라고들 한단다. 일부 제조업자들은 자기들이 생산해내는 제품의 내구성 또는 지속성을 줄임으로써 더 많은 물건을 유통시키기 위해 별의별 기발한 아이디어들을 다 동원한단다. 생각해보렴. 우리 방에 달려 있는 형광등이 20년쯤 사용해도 끄떡없다면 무슨 일이 벌어질까? 전구 회사는 아마도 파산할 게다. 그러니 제조업자들은 이런 방식으로 생각하면서 자기들이 만들어내는 상품의 수명을 프로그래밍하는 거지. 예를 들어 프랑스의 경우, 해마다 4,000만 개의 상품이 고장 나는데 수리가 되지 않는단다. 결국 수천 톤의 쓰레기가 발생한다는 뜻이야! 그래서 각국 정부들도 이 문제에 대해서 걱정하기 시작했지…. 쓰레기를 '소화'하는 데 드는 비용, 그 때문에 발생하는 환경 파괴 비용에 대해 생각하지 않을 수 없게 된 거야.

할아버지가 좀 전에 사람들이 필요하지도 않은 물건들을

산다고 말씀하셨잖아요. 듣고 보니 저도 그런 적이 있어요. 그러니까 소비자들은 자기들이 필요로 하는 이상을 사도록 이끌린다는 건데, 그렇다면 소비자들은 모두 바보라는 말인가요? 아니면 패션이 지닌 힘 때문에 그렇게 되는 걸까요? 개인적으로, 저는 말이죠, 친구들처럼 하고 싶은 욕망 때문에 계속 사는 것 같아요.

실제로 소비 사회가 나서서 너의 필요를 정해주는 셈이지. 소비 사회는 항상 새로운 욕망을 만들어내고, 소비자들에게 이를 주입하는 거야. 말하자면 소비자들의 머릿속에 그 욕망을 심어주는 거지.

옷만 놓고 보더라도, 유행하는 패션은 해마다 계속 바뀌잖니? 너희 젊은이들을 겨냥한 옷들이야 더 말할 나위도 없고. 아마 네 친구들 중에도 유행 지난 청바지나 티셔츠, 점퍼를 입고 다니는 걸 거북해하는 아이들이 많을 게다. 조라 너도 물론 유행 따라 옷을 입어야 마음이 편할 테고. 때문에 부모는 부모대로 자식들의 그런 마음 때문에 힘들고!

자본주의자들은 이와 같은 욕망을 창조해내기 위해서 마케팅이니 광고니 하는 것들을 도구로 사용하지. 마케팅과 광고 둘 다 인간이 발명한 가장 유해하고 어리석은 활동이라고 할 수 있지. 네가 사는 마을만 한 바퀴 둘러봐도 금세 알게 될 게다. 대부분의 집 편지함엔 "광고 사절!"이라는 스티커가 붙어 있잖니.

맞아요, 우리 집 편지함에도 그 스티커 붙어 있어요.

그렇지. 하지만 그래 봐야 거의 아무 효과도 없어. 그저 '나는 편지함에 소비를 부추기는 전단 같은 쓸모 없는 것이 쌓이는 게 싫다고 정당한 의사 표시를 했다'는, 아주 상징적인 의미뿐이니까. 광고업자들은 아주 교활해. 그들은 소비자가 어디를 가든 그를 포위하거나 전화를 걸어 못살게 굴어. 그 자들이 소위 '메시지'라고 부르는 것으로 무차별 폭격을 가하면서 말이야.

텔레비전만 해도 그래. 네가 뉴스 혹은 재미있어 보이는 방송을 보려고 하면 그 전에 멍청하기 짝이 없는 '메시지들'을 끝도 없이 보아야 하잖니. 극장에서도 마찬가지고. 너는 영화를 보러 극장에 갔는데, 보고 싶은 영화를 보기 전에 적어도 25분 정도는 어느 것 하나 더 나을 것도 없이 고만고만하게 멍청한 광고들을 쳐다봐야 하지. 인터넷에선 사정이 이보다 더 고약하단다. 적지 않은 사람들이 노상 휴대전화만 들여다보면서 사는 상황이니, 쉴 새 없이 잠재의식을 겨냥하는 광고 폭격을 맞고 있는 셈이지. 잠재의식을 겨냥한다는 말은 우리의 의식보다 한 층 아래의 의식에서 작용한다는 뜻이야. 잠재의식에 작용함으로써 우리 인간이 행동하는 방식에도 영향을 끼치는 거야.

그러면 이 광고에 대항하기 위해 저는 어떻게 해야 하죠? 영화관 가기를 너무 좋아하니 그걸 포기할 순 없는데 말이에요!

　어차피 네가 할 수 있는 거라곤 아무것도 없단다. 그저 두 눈을 감고 두 귀를 막고, 광고 따윈 멸시하면서 거기 저항하는 수밖에. 광고업자들은 도처에 널려 있어. 그 자들은 공공장소까지도 오염시키는 형편이니까. 프랑스에서는 특히 공공장소를 해방시키자고, 공공장소에 민간 광고 포스터를 금지시키자고 뜻을 모은 시민단체들이 생겨났단다. 그래도 소용없어! 가히 신성불가침이라 할 수 있는 시장의 자유가 관계 당국의 판단마저 혼미하게 만들었는지, 이들 시민단체의 뜻을 지지하는 대신 소비 진작을 주장하는 광고계의 손을 들어주었으니까. 그럼에도 대도시 주변에서는 광고 포스터 부착을 규제하는 법안을 표결에 부치긴 했어. 이 정도면 아무것도 안 하는 것보단 물론 낫지만, 그래도 충분하지는 않지….

소비 사회에서 마케팅과 광고라는 용병들은 아주 중요한 역할을 수행하지. 소비하고자 하는 욕망을 창조하고 부추기며 영감을 불어넣으니까. 뿐만 아니라 소비자들의 행동을 특정한 방향으로 이끌어 간단다. 이들은 '쇼핑shopping(이 단어는 소비 사회가 도약하면서 함께 출현했단다)'을 일종의 여가 생활, 관광의 목표, 그 자체로 쾌락이 되게 만들기도 하지. 네 오빠 테오에게 물어보렴. 그 녀석은, 이 할아버지의 계속되는 잔소리에도 불구하고, 방금 나온 신상품을 사기 위해서라면 몇 시간이고 상점 앞에서 줄을 설 만반의 태세를 갖추고 있을 테니 말이다! 그런데 이 모든 것이 생산업자와 유통업자, 다시 말해서 자본주의자들에게 어마어마한 이익을 가져다주기 위해서야. 내 말 이해하겠지?

그래도 사람들은 흡족해하잖아요!

자기들의 욕망이 충족되었으니 흡족해하는 건 당연하지. 비록 그 욕망이란 것이 자기 자신이 아니라 다른 자들에 의해 만들어졌다 하더라도 말이다. 마치 '외부인들'에 의해 자기 뇌 속에 심어진 것처럼.

불행하게도 이 같은 풍요의 경제엔 어두운 이면이 있게 마련이야. 물건을 생산하는 데 필요한 원자재와 에너지 낭비, 풍요로의 접근성에서 나타나는 불평등, 쓰레기 처리, 이기적일 수밖에 없는 소비로 인한 인류 정신의 붕괴, 소비 사회가 필요로 하는 수입을 유지하는 데 따르는 사회 불안, 물건이 평가절하되고 더 나아가서 유용성마저 사라지는 현상 등이 여기에 해당되겠지. 그리고 이 지구에 사는 주민의 4분의 3은 이와 같은 풍요를 전혀 누릴 수 없다는 점도 짚고 넘어가야지.

그렇다면 저는 어떻게 해야 해요? 저는 그런 사회의 공모자가 되고 싶지 않거든요. 무의식적으로라도 제 의지에 반대하는 행동은 하고 싶지 않단 말이에요!

네가 입고 다니는 옷들을 생각해보렴! 네 부모님은 백화점에서, 또는 널리 알려진 그 상표를 전문으로 취급하는 상점에서 그 옷들을 사지. 그런 상점들은 거의 전부 그 옷이나 구두, 액세서리 들을 방글라데시, 중국, 필리핀, 타이완 같은 나라의 '산업 특화 단지'에서 최대한 낮은 임금을 지불하면서 생산하는 기업이 소유하고 있단다. 가령 자라ZARA 같은 몇몇 기업들은 괜찮은

품질과 낮은 가격, 대량 생산을 동시에 추구해. 그런 회사들은 짧은 시간에 거대한 시장을 확보하는 데 성공했어. 그도 그럴 것이, 잘 재단된 품질 좋은 옷을 예전 같으면 상상도 하기 어려울 만큼 싼값에 판매하기 때문에, 경쟁이라는 것이 죽어버렸거든.

할아버지는 방글라데시를 방문한 적이 있단다. 유엔 식량특별조사관 자격으로 그 나라의 수도 다카Dhaka에 갔었지. 10층이 넘는 교외의 콘크리트 건물들은 수도의 인상마저 우중충하게 만들더구나. 유리창은 깨지고, 가구엔 덕지덕지 때가 끼었고, 가파른 계단은 삐걱거리는 건물들이었지. 그 안에서 젊은 여성들이 교대해 가며 하루 24시간 내내 재봉틀을 돌리던 광경을 난 아마 평생 못 잊을 게다.

방글라데시엔 이런 식의 봉제 공장이 6,000개가량 있는데 이 공장들은 인도나 방글라데시, 타이완, 한국 사업가들의 소유물이야. 이들 공장 소유주들 가운데 상당수는 정말이지 지독한 고리대금업자 같은 존재들이란다. 거기서 천을 자르고, 청바지·재킷·셔츠·티셔츠·속옷 등을 재봉틀로 꿰매고, 세계적으로 널리 알려진 유명 상표 구두며 축구공을 만드는 사람들은 말하자면 노예나 다름없어. 반면, 민간 거대 다국적 의류 업체들과 방글라데시에서 그들의 주문을 받아 상품을 만드는 아시아 하청업자들은 엄청난 수익을 올리지.

스위스의 시민단체 '퍼블릭 아이Public Eye'가 이들 방글라데시 여성들의 잉여가치 변화 추이를 분석한 적이 있단다. '스펙트럼-스웨터Spectrum-Sweater'라는 상표의 청바지 1벌은 제네바에서 66스위스프랑, 그러니까 대략 54유로(약 7만 원-옮긴이)에 판매되는데, 그 액수 가운데 그 옷을 만든 방글라데시 봉제공에게 돌아가는 돈은 겨우 0.25유로(약 321원-옮긴이)에 불과해. 2016년, 방글라데시의 법적 최저임금은 1달에 51유로(약 6만 5,000원-옮긴이)였는데, 노동자 연맹인 '아시아 플로어Asia Floor'에 따르면 4인 가족의 최저 생활비로 적어도 272유로(약 35만 원-옮긴이)는 보장이 되어야 한다는구나.

네가 입고 있는 옷을 만든 어린 봉제공들은 영양실조와 빈곤에 시달릴 뿐 아니라, 그들의 일터인 고층 콘크리트 병영은 제대로 관리가 되지 않는 까닭에 붕괴되는 경우도 있지. 실제로 2013년엔 다카에 위치한 11층짜리 낡은 공장 '라나 플라자Rana Plaza'가 무너지는 일도 있었어. 이 일로 1,138명이 건물 더미에 깔렸는데, 대부분이 소녀 티를 벗지 못한 앳된 여성들이었지. 참고로, 이 일로 유죄 판결을 받은 사람은 아무도 없단다.

저도 우리가 사는 곳으로부터 멀리 떨어진 어딘가에서 아주 싼값에 만들어지는 다른 물건들이 있다는 정도는 알고 있어요, 할아버지. 가령 장난감 같은….

　그래, 조라야. 그게 바로 자본주의자들의 꿈이란다. 노동자들에게는 어떻게 해서든 낮은 임금을 지불하면서, 돈 많은 부자 나라들의 시장을 선점해서 싼값으로 최대한 많은 물건들을 파는 것. 그게 자본주의자들이 바라는 거야. 그런 방식이 제일 잘 통하는 분야를 짐작하기란 그리 어려운 일도 아니지. 의류, 완구, 휴대전화 등일 거야.

　오늘날 서양의 남녀 노동자들이 직면한 가장 큰 위험 가운데 하나는, 임금이 낮고 사회 안전망이 제대로 갖춰져 있지 않거나 아예 없는 나라로 공장이 이전하는 거란다. 그렇게 되면 그들도 일자리를 잃게 되어 나름대로 대가를 치르는 셈이 되는 거니까. 요즘은 실업이 상시적인 것이 되어가고 있어.

아무도 소비 사회에서 벗어날 수 없는 걸까요?

　자본주의자들이 이 지구상에 군림하는 동안은 불가능하지. 너는 네가 직접 하는 소비를 통해서만 자본주의 체제의 일원으로 살고 있는 게 아니야. 자본주의는 말이다, 그 밖에도 여러 방식으로 너를 옴짝달싹 못 하게 쥐고 있어.

우선 자본주의자들은 아주 체계적으로 지구를 파괴하고 있단다. 네가 군도의 어느 귀퉁이에 살건 각종 오염이 너를 죽일 수 있어. 죽이지는 않더라도 병들게는 할 수 있지. 많은 대도시의 공기는 이미 숨을 쉴 수 없을 정도로 오염되었거든. 우리 호흡기를 공격해 암을 일으키는 독성 물질로 가득 찼으니까. 물도 마찬가지야. 오염된 상수원, 지하수, 강물 때문에 수백만 명이 질병으로 고생하고 있고. 수질 오염 또는 불충분한 하수 처리는 제3세계만의 문제가 아니야….

산업화된 선진 국가들에서도 사무직원들이며 노동자들이 상시적으로 석면(주로 시멘트나 절연체 제조에 사용되는 광물인데, 호흡기로 흡입되면 암을 유발한단다) 같은 독성 물질에 노출되어 있지. 노동 현장의 오염은 각종 질병과 고통, 급기야는 사망까지 초래하기 마련이야.

그러니까 스위스의 슐렉스Choulex라는 이 작은 시골 마을에 사는 저도 자본주의의 폐해를 고스란히 입고 있는 거로군요?

당연하지! 음식물만 봐도 그래. 물론 네 부모님이 식품 공장에서 만들어내는 냉동식품 같은 건 먹지 않는다는 사실은 이 할아버지도 잘 알고 있지. 네 부모님은 시장에서 신선한 과일이며 채소를 구입해 먹으니까. 하지만 각종 살충제로 오염된 식품은 어디에나 있어. 그런 독성 식품을 완전히 피하기란 불가능하다는 말이야. 프랑스 농부들은 작년 한 해 동안 자기들 농토에 수만 톤의 살충제를 뿌렸고, 그렇게 뿌려진 살충제가 포도며 당근, 우유 등에 고스란히 들어 있는 거지.

또한 대부분의 농부들은 가축들에게 어마어마한 양의 항생제를 주입하는데, 송아지와 돼지를 감염으로부터 보호하기 위해서라고 하지만 이건 곧 자기들이 금전적으로 파산하지 않도록 보호하는 길이기도 해. 그러니 이 항생제가 정육점에서 구입하는 양갈비며 스테이크용 고기에 고스란히 포함되어 있는 거고. 유럽연합에서 벌인 한 조사에 따르면, 유럽에서 주민 한 사람이 식품과 더불어 흡수하는 살충제 양이 1년에 무려 5리터에 이른다더구나.

아주 최근 사례를 들려주마. '글리포세이트glyphosate'는 유럽에서 가장 널리 사용되는 제초제야. 우리가 열람할 수 있는 모든 의학 조사에 따르면 말이다, 이 글리포세이트가 암을 유발할 수 있다는구나. 그런데 2017년 10월에 유럽 이사회는 농화학업계

트러스트들의 압력에 못 이겨, 이 제품의 사용 기간을 5년 연장해주는 법안을 통과시켰지. 100만 명 넘는 유럽 시민이 이 제품의 즉각적인 금지를 촉구하는 탄원서를 제출했음에도 불구하고 말이다.

이뿐만이 아니야. 세계보건기구의 최근 보고서를 보면, 전 세계에서 발생하는 암의 거의 60퍼센트는 생태계 파괴로 인한 부작용 또는 부적절한 식품 섭취 때문이라는 대목이 나온단다. 계속해볼까?

네! 흥미진진해요.

너도 학교에서 배웠겠지만, 대규모 열대 밀림은 지구의 녹색 허파 구실을 하지. 그 밀림들이 오존층을 보호하고 대기를 숨 쉴 만하게 정화해주니 말이다. 그런데 다국적 금융 자본이 자연에 가하는 여러 폐해들 가운데에서, 이 같은 열대 처녀림 파손이 가장 치명적인 것으로 꼽힌단다. 다국적 기업들이 지나치게 많은 목재를 베어냄으로써 숲을 파괴하는 거야. 뿐만 아니라 거대 농공업 재벌들은 농장을 확장하거나 더 많은 쇠고기를 얻을 목적으로 목축업 규모를 키우려고 끊임없이 새로운 땅을 찾는

데 혈안이 되어 있지. 그 때문에 그 자들은 해마다 수만 헥타르의 처녀림을 불태우는 거고.

　오늘날 열대 밀림이 차지하는 면적은 지구 전체 표면적의 2퍼센트에 불과해. 그렇지만 지구상에 존재하는 모든 식물과 동물 군 가운데 70퍼센트 이상이 거기에 서식하고 있지. 지난 반세기 동안 처녀림의 면적은 23억 5,000만 헥타르 이상 줄어들었단다. 아프리카 대륙의 숲 18퍼센트, 오세아니아와 아시아 대륙의 숲 30퍼센트, 라틴아메리카와 카리브해 연안 지역의 숲 18퍼센트 가 파괴된 거지. 생물다양성 또한 우려할 정도로 급격하게 퇴보하고 있고. 날마다 다수의 식물과 동물 종이 전혀 손쓸 도리 없이 소멸하고 있거든. 1995년부터 2015년까지, 20년 동안 무려 5만 종 이상이 사라졌어.

할아버지, 저도 세계에서 가장 큰 숲, 아마존 밀림에 대한 기사를 읽은 적이 있어요. 아마존강 유역은 면적이 600만 제곱킬로미터에 이르는데, 이 중에서 50만 제곱킬로미터 가 넘는 숲이 최근 25년 사이에 자취를 감췄대요. 50만 제곱킬로미터라면 거의 프랑스와 맞먹는 면적이죠. 무지 넓은 거라고요!

그래, 너도 아주 정확하게 잘 알고 있구나, 조라야. 상파울루에 본부를 둔 브라질 국립우주연구소에서는 인공위성을 띄워서 아마존강 유역을 감시하고 있는데, 이 위성들이 정기적으로 찍은 사진들을 보면 이 지역에서 사막화가 진행되고 있음이 뚜렷하게 드러난단다. 국립우주연구소가 감시 작업을 시작한 건 1988년이었는데 그 이후로만 보아도 78만 제곱킬로미터의 숲이 사라졌지(2018년 12월 기준-옮긴이).

조라 너도 아는지 모르겠다만, 지구상에는 수십억 종의 곤충이 살고 있어. 크기도 색깔도 믿을 수 없을 정도로 다양한 이 곤충들은 자연 속에서 각기 다른 기능을 수행하는데, 다르긴 해도 어느 하나 없어서는 안 되는 중요한 기능들이지. 그런데 2017년, 국제 학술조사 위원회에서는 지난 30년 동안 땅속이나 대기 중에 사는 곤충의 수가 80퍼센트 이상 줄어들었다는 충격적인 보고를 내놓았어.

숲이 줄어든 것과 상관이 있을까요?

당연히 그것도 하나의 원인일 테지. 하지만 제일 중요한 원인은 아마도 자본주의적 농업 경영 방식, 살충제 남용, 최대 이익

추구, 죽음을 초래할 정도로 마구 쏟아붓는 화학 비료 사용 등에서 찾아야 하지 않을까 싶구나.

학교에서 꿀벌들의 죽음에 관한 수업도 들었는데….

그래, 그거 아주 좋은 사례가 되겠구나! 스위스에서도 꿀벌수천만 마리가 죽는 일이 있었지. 설폭사플로르Sulfoxaflor라는 화학물질 때문에 떼죽음을 당한 거야. 그 물질이 들어간 살충제가 자연에 퍼져 있었기 때문에 일어난 비극이지.

그런데 말이다, 꿀벌은 자연에서 굉장히 중요한 역할을 해. 꿀을 만들어내는 것 말고도, 각기 다른 식물들에게 꽃가루를 운반해주니까. 이 때문에 수십만 명의 시민들이 모여서 시위를 벌였지만, 아무 소용없었어. 농화학계를 지배하는 제후들이 승리를 거뒀거든.

요컨대, 네가 이 지구상의 어느 곳에서 자라나건, 스위스의 슐렉스가 되었건 방글라데시가 되었건, 군도의 부유한 섬이건 낙후한 섬이건 상관없이 자본주의 체제가 너의 실존을 결정짓는 거야. 자본주의 체제란 독성이 강해. 자연에게도 인간에게도 치명적일 정도로 위험하다고. 그래서인지 지구촌 사람들의 분

열을 조장할수록 득이 된다고 생각하지. 한쪽엔 뇌엽절제술을 받고 감정을 잃어버린 서양인들, 다른 쪽엔 무릎을 꿇은 남반구 사람들, 이런 식으로 말이다.

6

우리는 그저
운이 좋았을 뿐이다

그날 저녁 텔레비전에서 말인데요, 할아버지는 불평등 때문에 화가 났죠. 아니, 몹시 흥분하기까지 하셨어요. 그러면서 할아버지는 불평등은 사람들을 죽인다고도 말씀하셨는데….

불평등은 이 지상에 사는 인간 중 절대 다수에게 완전히 파렴치하고도 치욕적인 현실이지. 이 할아버지는 공연히 여러 통계 숫자를 들먹이면서 너를 골치 아프게 만들 마음이라고는 없으니, 상당히 의미 있다고 여겨지는 숫자 딱 2가지만 제시하마.

세계은행에 따르면, 2017년 가장 힘센 민간 거대 다국적 기업 500개가 제조업, 상업, 서비스업, 금융 등의 모든 분야를 통틀어서, 세계 총생산의 52.8퍼센트를 장악했다는구나. 바꿔 말하면, 2017년 한 해 동안 지구상에서 생산된 모든 부(상품, 특허, 서비스, 자본 등의 형태를 모두 포함해서)의 52.8퍼센트가 이들의 몫이었다는 말이지.

이들 기업을 이끄는 리더들은 어떤 형태의 통제에서도 벗어나 있단다. 국가로부터, 노동조합으로부터, 의회로부터 아무런 제재를 받지 않는다는 말이야. 그들은 오직 하나의 전략만 구사하지. 가장 짧은 기간 내에, 인간을 희생시키는 일도 불사하면서, 이익을 극대화하는 것. 이것이 이들이 추구하는 유일한 목표라고 할 수 있지. 이 세계주의자들, 다른 말로 세계의 주인들은 금융, 정치, 이데올로기 등 거의 모든 분야에서 막강한 권력을 지니고 있어. 이처럼 엄청난 권력은 인류 역사에서 일찍이 그 어떤 황제도, 교황도, 왕도 누려본 적이 없을 정도란다.

피해자들 입장에서 보자면 이러한 현실은 거의 살인적이라 할 만큼 불평등의 골이 깊다는 뜻인데, 이 불평등이야말로 자본주의 생산 방식의 자양분이 되어주거든. 자본주의 생산 방식은 날이 갈수록 부자들의 자유는 눈에 띄게 확대해주는 반면, 가난한 자들의 자유는 그에 비례해서 극적으로 축소해버린단다. 불평등뿐만 아니라 생산물의 잉여 가치를 공유하지 않고, 재분배하지 않는 데서 자본주의 생산 방식의 기막힌 효율성이 태어나는 법이니까. 자본주의 생산 방식이란, 지극히 폐쇄적이면서 피해자는 전혀 아랑곳하지 않은 채 자기만의 경제 전략을 밀고 나간단다.

두 번째로 알려주실 통계 숫자는 뭐죠?

2017년, 세계에서 가장 가진 것이 많은 85명의 억만장자들은 세계에서 제일 가난한 사람 35억 명이 소유한 것을 모두 합친 것만큼의 부를 소유했어. 앰네스티 인터내셔널의 사무총장은 이처럼 기막힌 현실을 다음과 같은 말로 요약했지. "버스 1대에만도 다 태울 수 있을 85명의 억만장자들이 인류의 가장 가난한 절반이 가진 것만큼의 부를 차지했다"고.

할아버지, 그래도 무지무지 부자인 사람들과 무지무지 가난한 사람들 사이의 격차는 앞으로 조금씩 줄어들게 되지 않을까요?

아니, 할아버지는 오히려 그 반대일 거라고 생각한다. 남반구 국가들의 경우, 시체 더미가 나날이 높아만 가지. 무지무지 부자인 사람들과 익명의 가난뱅이 집단 사이의 격차는 점점 더 커지고 있어. 세계에서 가장 돈 많은 562명의 금융 경제 권력은 2010년에서 2015년 사이에 41퍼센트 증가한 반면, 제일 가난한 30억 명의 재산은 같은 기간에 44퍼센트 감소했거든.

브라베크 레트마테 아저씨와의 토론 말인데요, 두 분은 어느 쟁점에서도 의견이 일치되는 일이 없었죠. 그 분이 할아버지가 옳다고 인정한 딱 1번 빼고는 말이에요. 그때 그 분은 이러한 불평등은 정말이지 충격적이라고 말했던 것으로 기억해요.

아주 주의 깊게 잘 들었구나, 조라야. 그 자는 정확하게 이렇게 말했지. "불평등은 도의적 측면에서 볼 때 많은 사람들에게 충격적이다"라고 말이야. 하지만 그럼에도 불구하고 불평등 문제와 관련해서 나와 네슬레 회장의 견해는 전적으로 불일치라고 봐야지.

불평등은 말이다, 심리적인 문제야. 즉 사람들이 어떻게 체감하느냐, 조금 더 구체적으로 말해서 사람들이 충격적이라고 느끼며 그 때문에 고통스러워한다는 것일 뿐 아니라 그 이상이야. 그와 같은 불평등을 만들어낸 책임자들이 피해자들에게 물질적으로 큰 손해를 입히는 문제이기도 하거든.

가장 충격적이고 가장 해로운 불평등 가운데 하나가 세금 문제라고 할 수 있지. 어찌된 일인지 무지무지 부자인 사람들은 자기들 마음 내키는 대로 세금을 내는 것 같아 보이거든. 그 어느 주권국가의 세무 담당 관리도 그들에게는 강제력을 행사하지 못하니까 말이야. 카리브해 연안이나 태평양 연안, 혹은 그 외 세계 곳곳에 적지 않은 조세 천국이 존재하는 걸 보면 자연히 그런 절망감이 들게 마련이지.

할아버지, 지금 '파나마 페이퍼스Panama Papers'나 '파라다이스 페이퍼스Paradise Papers' 같은 문서들을 말씀하시는 거예요? 요새 그런 얘기 참 많이 들리던데….

그래, 그런 셈이지. 조세 천국이란 세금 따위는 고려하지 않는 나라를 가리키는 말이야. 이런 나라들은 법인체를 만드는 데 근거가 되는 법을 구비하고 있지. 가령 케이맨 제도에서는 트러스트, 바하마 군도에서는 국제 기업체를 설립할 수 있는 법이 마련되어 있어. 게다가 이런 나라들은 거부들의 비밀을 절대적으로 보장해주지. 그 때문에 부자들이 그런 곳을 찾아가서 자기 돈을 숨기는 거고. 가장 강력한 권력을 휘두르는 거대 다국적 기업들이나 제일 돈 많은 개인들은 그들의 재산을 흔히 '오프쇼어 offshore'(이 말은 '해안을 벗어난', '대양 한가운데', '영토를 벗어난' 등의 뜻을 가지고 있단다)라고 부르는 기업으로 빼돌린단다. 이 회사들은 자기들의 지분을 가진 자들에게 완전한 불투명성을 보장해주고 말이야.

이런 일에 대해서는 거의 정기적으로 스캔들이 불거져 나오고, 탐사 전문 기자들이 용감하고 끈질기게 물고 늘어진 끝에 대단히 복잡하고 정교하게 짜인 오프쇼어 기업들의 자금 운용 기법들을 더러 파헤치기도 해. 그들 덕분에 스캔들에 연루된 개인이며 기업의 실명이 온 세상에 드러나기도 하는 거야. 네가 방금 언급한 '파나마 페이퍼스', '파라다이스 페이퍼스' 같은 문서들에 그런 이름들이 줄줄이 등장하는 거지. 그런데 유럽에서도, 가령 룩셈부르크 같은 나라에서도 '룩스 리크스Lux-Leaks'라는 스캔들이 터졌지.

그토록 철저하게 비밀에 부쳐진다는 명단들이 대체 어떻게 해서 결국 공개될 수 있었는지 설명해주세요.

그러마. '파라다이스 페이퍼스'를 예로 들어보자꾸나. 버뮤다에 있는 '애플비 인터내셔널Appleby International'이라는 법률 사무소에서 일하는 어떤 사람이 2017년 11월 국제 탐사보도언론인협회에 650만 건의 서류를 보내왔어. 조세 천국 수십 군데에 설립된 오프쇼어 회사들의 면면을 보여주는 서류였지. 기자들은 입수한 서류들에 대해서 심층 조사를 시작했고, 이를 통해서 구체적인 숫자가 윤곽을 드러내게 된 거야. 이 협회의 회원으로 조사에 참가한 〈르몽드Le Monde〉 지는 세계 각국에서 탈세로 빠져나가는 돈의 총액이 해마다 3,500억 유로에 이를 것으로 추산했어. 프랑스 한 나라만 놓고 봐도 조세 천국 때문에 징수되지 못하는 세액이 200억 유로쯤 된다는구나.

정말이지 구역질나요! 그 자들이 그런 짓을 하는 동안 다른 사람들, 그러니까 그들보다 가진 재산도 당연히 적을 뿐 아니라 이따금씩 한 푼도 아쉬워서 벌벌 떠는 사람들은 꼬박꼬박 세금을 내야 하잖아요! 혹시라도 제때에 세금을 내지 못하면 국가에서 공공서비스를 중단할지도 모른다고 두려워하면서 말이죠….

우리 조라, 제법이네. 분석이 아주 정확한 데다 거부들이 자신들을 방어하기 위해 내세우는 논리를 예리하게 반박하니 말이야. 신자유주의 이데올로기 주창자 가운데 한 사람인 애덤 스미스Adam Smith(이 사람에 대해서는 나중에 조금 더 자세하게 얘기해주마)는 "부는 건강과 마찬가지로 누군가로부터 빼앗아 오는 것이 아니다"라고 주장했어. 무슨 뜻인가 하면 말이지, 내가 건강이 좋아진다고 해서 나 대신 3명이 제네바 대학병원에 입원하게 되는 건 아니라는 말이야. 그런데 이 말은 완전히 틀렸어! 부와 건강을 비교하는 건 애초부터 말이 안 된다고!

너도 이제 잘 이해했을 게다. 무지무지 돈이 많은 부자들이 기를 쓰고 그들의 재산을 숨겨가면서까지 세금 내기를 거부하면 나라의 금고가 비게 된다는 사실 말이다. 20세기 후반 내내 유럽이 추구해온 복지국가, 즉 무절제하고 탐욕스러운 자본주의의 폐해로부터 시민들을 일정 수준까지는 보호하자는 취지로 시작된 사회 복지는 크고 작은 발전을 거듭했어….

잠깐만요, 할아버지. 복지국가가 무슨 뜻이라고요?

우리가 흔히 복지국가라고 부르는 건 말이지, 19세기 말 자본주의가 세력을 키워가는 시기에 몇몇 나라에서 처음 등장했어. 시작은 아주 미미했지. 가령, 국가가 질병 보험이라는 제도를 통해서 노동자들에게 약간의 사회적 보호 장치를 제공하자는 취지를 가지고 소박하게 출발했으니 말이야. 제2차 세계대전 이후, 사회 정의에 부응하는 이러한 보호 장치와 지원 제도(노후 보험, 실업 보험, 가족 수당, 사회 보조금, 장학금 등)는 점차 발달하게 되었고, 그러한 이면엔 물론 노사 간의 갈등이나 노동조합의 격한 투쟁, 공산주의 세력 확장에 대한 두려움 등이 있었지.

복지국가라는 개념을 토대로 사회보장 제도와 누진세율에 기반을 둔 강력한 부의 재분배 체제가 확립되었단다. 누진세가 뭐냐면, 간단히 말해서 가난한 사람들은 세금을 조금 내고 부자들은 많이 내는 식의 조세 제도를 가리키는 용어야. 덕분에 학교·탁아소·병원을 건립하고 대중교통을 활성화하는 것 같은 일들이 가능해졌지. 각종 문화 활동이나 스포츠 활동 지원도 가능해졌고.

그런데 그 모든 진전이 오늘날엔 모두 멈춰버렸다는 말씀
이세요?

　그런 셈이란다. 국제아동기금 유니세프에 따르면, 2017년 기
준으로 스페인의 10살 미만 아동 중 11퍼센트가 영양실조 상태
이며, 베를린의 경우 프렌츠라우어 베르크^{Prenzlauer Berg}처럼 낙후
된 지역에 위치한 학교들에서는 아침에 선생님들이 우유와 빵
을 가져온다고 해. 아침도 못 먹고 핏기 없는 얼굴로 학교에 오
는 아이들을 먹이기 위해서라는구나. 이렇게 못 먹어서 몸이 약
한 아이들은 정상적으로 학교생활을 이어나가지 못하지.
　재정이 바닥인 몇몇 나라들은 야금야금 병원, 대중교통, 초중
등 학교, 대학, 항구, 공항, 교도소 등의 공공서비스를 민영화하
기도 해. 심지어 경찰까지 민영화하는 나라도 간혹 있고. 어디에
서나 임금 노동자들에 대한 보호 수준이 저하되고 있는 건 사실
이야. 가정마다 불안정성에 시달리게 되는 거지. 내일에 대한 불
안이 도처에서 사람들을 노리게 되니 자연히 소외 문제도 심각
해지고.
　조라야, 너 메르켈 여사라고 들어봤니?

독일 대통령 아닌가요?

    유럽 대륙에서 제일 부유한 나라, 독일의 수상이지. 메르켈 수상이 'Sockelarbeitslosigkeit'라는 아주 끔찍한 표현을 입에 올린 적이 있는데, 이 말은 프랑스어로는 도저히 번역이 불가능하다고 봐야 해. '수백만 노동자들의 상시적인 실업이 자본주의 체제의 토대가 되어준다'는 의미를 가진 말이야. 절대로 일자리를 얻지 못할 이 상시적인 실업자들은 임금도 받지 못할 것이고, 그러면 정상적인 가정생활, 인간다운 생존을 꾸려나갈 수 없을 테지. 오늘날 유럽에만도 그런 사람들이 3,600만 명이나 된단다. 그들 가운데 절반 이상이 25살 미만의 젊은이들이고.

    그런데 이렇게 국가 재정의 심각한 축소를 초래하는 거부들의 탈세는 유럽처럼 고도로 산업화된 지역에서만 각종 폐해를 야기하는 게 아니란다. 조라야, 넌 아마 '플레징 콘퍼런스pledging conference'가 뭔지는 당연히 모를 테지?

당연히 전혀 모르죠….

    그건 말이다, 유엔의 아주 특별한 기구야. 인도주의적 차원의 재앙이 세계의 어느 지역을 강타할 때마다 세계식량기구, 유니세프, 유엔난민기구가 유엔 주재 대사들을 소집하지. 그러면 유엔의 전문가들이 제네바나 뉴욕의 유엔 본부에 마련된 긴 테이블 주위에 외교관들과 함께 앉아서 재앙의 본질과 규모, 이것에 대응하기 위해 사용 가능한 조치, 그에 따른 비용 등을 설명하는 거야.

이 자리에서 각국을 대표하는 외교관들은 돌아가면서, 자기네 나라가 제공할 수 있는 지원금 액수를 밝히지. 플레징 콘퍼런스란 그러니까 지원 약속 회의라고 할 수 있단다.

그러면 인도주의적 지원을 할 책임자들이 필요한 만큼 지원금을 받게 되나요?

그런 경우는 아주 드물단다. 내가 1가지 사례를 들려주마. 2017년 초에 무서운 천재지변이 4개 나라를 차례로 덮쳤지. 남수단과 소말리아, 케냐 북부, 예멘 말이다. 이 나라들에서 수백만 명의 남녀노소가 목숨의 위협을 받게 된 거야.

무슨 일이었나요?

농사를 망치며 계속되는 가뭄과 내란, 비위생적인 물, 무서운 기세로 퍼져가는 전염병 콜레라 때문이었지. 2017년 3월 제네바에서 플레징 콘퍼런스가 열렸어. 유엔 전문가들은 그해 9월까지 6개월 동안 이 지역 주민 2,400만 명의 생명을 유지하기 위해서는 40억 달러가 필요하다고 했지. 하지만 그들이 결국 받은 지원금은 정확하게 2억 4,700만 달러밖에 되지 않았단다….

그러면 너무 많이 모자라잖아요!

당연하지. 회의에 참석한 대사들은 차례대로 변명만 늘어놓았어. "우리나라 곳간이 텅텅 비어서…. 더 많은 지원금은 제공할 수가 없겠습니다."

그래서 어떻게 되었어요?

그래서 남수단, 소말리아, 케냐 북부, 예멘에서는 지금도 주민들이 계속 죽어나가고 있지. 한꺼번에 수만 명씩. 너나 이 할아버지와 전혀 다르지 않은 사람들이 그렇게 죽고 있다니까. 우리가 그 희생자들과 다른 점이 있다면 오로지 출생의 우연이야. 요행히 살기 좋은 지역에서 태어났다는 점뿐이지.

7

빚더미 위의
검은 아프리카

그런데 할아버지, 사실 부자 나라는 가난한 나라가 자기
나라 국민들을 먹여 살릴 수 있도록 많이 도와주고 있지
않나요?

그건 오해란다. 조라야. 실제로는 그와 정반대의 일이 일어나
고 있으니까. 가난한 나라의 주민들은 부자 나라의 발전에 필
요한 비용을 대느라 죽도록 일을 해야 하는 처지거든. 남반구가
북반구, 특히 그곳 지도층에 돈을 대주는 거라고. 오늘날 북반
구가 남반구를 지배하는 가장 강력한 수단은 바로 돈을 빌려주
고 받아내는 이자야.
　남반구에서 북반구로 흘러들어가는 자본이 북반구에서 남

반구로 흘러들어가는 자본보다 많단다. 가난한 나라들은 해마다 부자 나라 지배층에게서 투자니, 인도주의적 지원금이니, 발전 기금이니 하는 형태로 받는 것보다 훨씬 많은 액수의 돈을 그들에게 준다는 뜻이지. 이들 나라 국민들을 복종시키기 위해서는 기관총이나 네이팜탄, 장갑차 같은 무기 따위는 필요도 없어. 오늘날은 빚이라는 강력한 무기가 있으니까. 대표적인 예로, 아프리카 대륙에서 벌어지고 있는 일은 더할 나위 없이 추악하지. 아프리카인의 35.2퍼센트는 상시적으로 심각한 영양실조 상태니까 말이야.

그건 왜 그렇죠? 학교에서 아프리카엔 비옥한 땅이 많은데 인구는 적다고 배웠어요. 그러니까 모든 사람들이 다 나눠가질 만큼 충분한 땅이 있다는 거잖아요!

지금처럼 희한한 상황에 놓이게 된 주요 원인으로는, 제일 먼저 아프리카 국가들의 빚을 꼽아야 해. 내가 방금 빚이라고 말했는데, 빚에도 여러 종류가 있단다. 국가가 진 빚 전체인 '국채' 그리고 민간 기업들과 국가가 외국에 진 빚을 더한 '외채'는 구별해야 하지. 2016년, 모든 개발도상국가들(남아프리카공화국, 브라질, 중국, 인도, 러시아는 신흥국가로 분류되므로 제외했어)의 국채 총액은 1조 5,000억 달러라는 천문학적 액수를 기록했단다.

빚은 가난한 나라들 입장에서는 일종의 혈관 압박기처럼 작용하지. 어째서 그런 말을 하는지 설명해주마. 아프리카의 대다수 국가들은 무기질 비료나 선별된 종자에 대한 접근성도 떨어지고, 농업 협동조합의 혜택도 받지 못하며, 충분한 트랙터도, 관개용수도 없어. 각 아프리카 국가의 정부들이 외채에 압도당하고 있기 때문이지. 세네갈이 땅콩을 수출해서, 말리가 면화를 팔아서 벌어들이는 쥐꼬리만 한 수입은 외채의 원리금 상환이라는 명목 하에 직접 유럽이나 미국의 은행들로 들어가게 되어있어. 각 아프리카 국가가 다 이런 상황이지. 그 결과 농업에 투자할 돈이라고는 한 푼도 남지 않게 되는 거야.

사하라 사막 이남 검은아프리카 지역의 경우, 경작 가능한 토지 가운데 오직 3퍼센트의 토지에만 인공적으로 물이 공급되고 있어. 나머지 땅에서 농부는 3,000년 전이나 다를 바 없이 하늘에서 내리는 비만 기다리는 천수답 농업에 매달리는 거야. 트랙터의 경우도 재앙적인 상황인 건 마찬가지고. 세계적으로 4,000만 대의 트랙터와 3억 마리의 견인용 가축이 있어. 이 경작 문제는 결정적이라고 해도 과언이 아닌 것이, 캐나다 서부의 비옥한 대평원에서는 농부 1명이 200마력짜리 트랙터 1대만 있으면

2,000헥타르를 거뜬히 경작할 수 있단 말이다. 그런데 남반구에 거주하는 농부 대다수는 오늘날까지도 연장이라고는 여전히 낫과 괭이만 들고 밭일을 하니….

그래서 빚을 지게 되는 건가요?

우선, 이 할아버지는 적어도 이 점만큼은 힘주어 말하고 싶구나. 빚이야말로 이 세상의 식인적인 체제와 모든 세계화된 소수 금융 자본 지배자들의 세력을 공고히 해주는 결정적인 무기라는 사실 말이다!

탈식민지화 물결이 휩쓸고 지나간 후 몇 년 동안, 세계은행이나 국제통화기금 같은 국제기구들은 제3세계 국가들에게 대대적으로 돈을 빌려주었지. 서구 자본주의 방식으로 자기 나라를 산업화하고 국가 인프라를 개발하라는 취지에서였어. 식민 국가들은 사라졌지만, 과거 식민 제국을 일구었던 나라들은 과거의 식민지에 널려 있는 부를 계속해서 착취하면서 궁극적으로는 그곳에 자기들을 위한 시장을 열고자 했어. 일부 독재 정권들은 이러한 빌린 자금을 이용해서 무기 구입에 열을 올리고 전쟁을 일으키는가 하면, 반대하는 주민들에 대해서는 가혹한 억압

수단의 사용도 주저하지 않았지.

빚을 얻어 쓴 가난한 나라가 더 이상 버티지 못하고 그 혈관 압박기 때문에 질식하게 되면, 다시 말해서 빚을 진 은행들에게 원리금 상환을 하지 못하게 되면, 그 나라는 지불 유예를 신청하게 된단다. 지불 유예 신청이란 채무자가 당장 상환을 할 능력이 없으니, 빚을 갚아야 하는 마감 기간을 연장해주거나 빚의 일부를 탕감해달라고 요청하는 거야.

그러면 채권자 은행은 이런 상황을 이용하지. 말하자면 채무자의 요청을 부분적으로 수락해주면서 여기에 가혹한 조건을 다는 거야. 가령 몇 개 되지도 않는 수익 기업, 광산, 통신 같은 공공 서비스를 민영화하거나 해외에 판다는 조건 같은 것을 붙인단 말이지. 해외에 판다는 건 곧 채권자들에게 넘긴다는 말이나 마찬가지고. 뿐만 아니라 그 나라에서 활동 중인 거대 민간 다국적 기업들에게 어마어마한 금융 특혜를 허가해주라거나, 강제로 채권 국가들의 무기를 구입하여 민간인 군대를 양성하라는 식의 조건이 따라붙기도 하지.

할아버지, 제가 제대로 알아들었는지 잘 모르겠는데, 그렇게 되면 빚진 나라는 나라를 정상적으로 운영할 돈이라고는 한 푼도 없게 되고, 따라서 자주성을 잃게 되는 거겠네요?

그렇지, 조라야. 채무 지불 불이행 기운이 감지되면, 빚을 진 나라는 국가 예산에서 씀씀이를 줄여야 해. 그러면 누가 제일 고통 받게 될까? 그야 물론 국가 공동체 전체겠지만, 그중에서도 제일 가난한 사람들이 제일 큰 고통을 당하기 마련이야. 브라질의 대농장 주인들이나 인도네시아의 장성급 군인들은 공립학교가 문을 닫아도 전혀 걱정이 없어. 그런 집 자식들은 프랑스, 스위스, 미국 등지의 학교에서 유학 중이니까. 공립 병원이 폐쇄된다면? 그들은 그런 일에도 코웃음 치지. 자기들 가족은 제네바 대학병원이나 파리 인근 뇌이 미국병원American Hospital of Neuilly, 런던이나 마이애미의 사설 병원에서 치료받으면 되니까. 빚의 무게는 가난한 자들의 어깨에 제일 무겁게 걸려 있단다.

그런데 오늘날에도 빚이 자꾸 늘어나는 건 대체 어떻게 된 일이죠?

오늘날엔 빚을 지게 되는 가장 큰 이유가 국가 간 거래의 불평등에 있다고 봐야 한단다. 채무 국가들은 상당수가 원자재, 특히 면화나 커피, 사탕수수, 땅콩, 카카오 같은 농산품을 생산하는 나라들이지. 그리고 이들은 공산품, 가령 기계며 트럭, 의약품, 시멘트 같은 물품들을 수입해야 하는 입장이야. 그런데 세계 시장에서 지난 수십 년 사이에 공업 제품의 가격은 거의 6배나 뛰어오른 반면 농업 원자재 가격은 끊임없이 하락을 거듭했어. 커피나 사탕수수 같은 일부 생산물의 가격은 완전히 폭락했다고 봐야지. 이렇게 되니까 파산을 막기 위해서 채무 국가들은 또다시 빚을 얻어야 하는 처지가 되는 거란다.

빚을 지게 되는 두 번째 이유로는 제3세계 국가들의 국고 약탈을 꼽을 수 있어. 이들 나라에서는 부패도 점점 늘고 있는 데다, 스위스, 미국, 프랑스 등지의 민간 은행과 결탁해서 일어나는 조직적인 배임이 판을 치거든. 지금은 고인이 된 콩고 민주공화국의 독재자 조제프 데지레 모부투 원수Joseph-Désiré Mobutu 가족의 재산은 대략 40억 달러에 이를 것으로 추정된다고 해. 이 엄청난 돈은 서구의 은행들에 고이 숨겨져 있고. 그러나 그가 죽었을 때 콩고 민주공화국의 외채는 130억 달러였으니, 너도 생각해보렴….

또 한 가지 가능한 설명은 농식품 업계의 거대 민간 다국적 기업들과 서비스업, 제조업과 유통업 또는 세계적인 은행들 모두와 관련이 있어. 이들 다양한 기업들이 오늘날 남반구 국가들의 주요 경제 분야를 통제하고 있다는 사실이지. 대부분의 경우이 기업들은 남반구 국가들에서 파렴치할 정도의 이익을 얻고 있는데, 해마다 이익의 대부분을 외화 상태로 유럽이나 북아메리카, 중국, 일본 등지에 있는 본사로 빼돌리거든. 이익의 극히 작은 부분만 현지에, 현지 화폐로 재투자될 뿐이란다.

그런데 할아버지, 빌린 돈에 대한 이자율이 최근 들어 부쩍 낮아지지 않았나요? 그렇게 되면 빚진 나라들의 부담도 자연히 줄어들지 않을까요?

그런데 말이다, 조라야. 그게 꼭 그렇지가 않구나. 가난한 나라들은 빌린 돈에 대해서 엄청나게 높은 이자율을 적용받는단다. 세계 금융을 좌지우지하는 제후들이 보기에, 제3세계 출신 국가들과 기업들은 돈 떼일 위험이 매우 큰 채무자에 해당되거든. 그러니 당연히 서구의 대형 은행들은 (자본주의) 논리에 따라 남반구 국가의 채무자들에게 북반구 출신 채무자들에 비해서 비교도 할 수 없을 만큼 높은 이자율을 적용한단다. 터무니없을 정도지. 이렇듯 과도한 이자를 물어야 하는 남반구 국가들은 당연히 자본 출혈이 크겠지.

가난한 나라는 결국 이 빚의 악순환에서 빠져나올 수가 없겠군요?

유감스럽게도 그런 셈이야. 페루공화국의 알란 가르시아Alan Garcia 전 대통령의 예를 보자꾸나. 그는 더 이상 국제통화기금과 외국 민간 은행들로부터 얻어 쓴 외채를 전부 갚을 수 없을 정도로 페루의 재무 상황이 절망적이라고 판단했지. 그래서 가르시아 대통령은 외채의 30퍼센트만 갚겠다는 결정을 내렸어.

와우, 멋지네요!

그렇게 생각할 수도 있겠지. 그런데 현실은 달랐어. 페루 깃발을 달고 생선가루를 운반하던 첫 번째 선박이 함부르크 항구에 들어서자마자, 그 선박은 독일 은행 연합의 요청에 따라 독일 사법당국에 의해 발이 묶였어. 또한 당시 페루는 상당한 수준이라고 인정받는 국제 항공기 편대를 보유하고 있었는데, 페루가 일방적으로 채무 일부 변제를 선언한 이후 뉴욕이나 마드리드, 런던에 착륙한 항공기들의 신세도 앞의 선박과 다르지 않았지. 여러 채권자들의 요청에 따라 날개가 묶여버렸으니까.

완전한 자급자족 상태에서 폐쇄적으로 살 배짱이 아니라면, 다시 말해서 모든 국제 무역 거래를 끊고 살 게 아니라면 오늘날 제3세계의 그 어떤 채무 국가도 제멋대로 족쇄를 부숴버리지 못한단다.

그런데 자본주의자들은 어떤 방식으로 자기들이 다른 사람들, 특히 어린아이들에게 가하는 그 모든 고통을 정당화하나요?

그들이 내세우는 논리란 아주 간단해. 그리고 많은 사람들의 눈에, 특히 서방국가 사람들에게는 그 논리가 제법 설득력이 있지. 은행들은 뭐라고 말하느냐 하면, 가난한 나라들이 더 이상 빚을 갚지 않으면 세계의 모든 은행 체제가 와해될 것이고 그러면 남반구 북반구 가릴 것 없이 모든 사람들이 나락에 빠지게 된다는 거야.

정말 그럴까요?

물론 새빨간 거짓말이야! 조라 네가 태어나기 전에 이 할아버지는 오랫동안 스위스 연방국가 의회의 제네바 국회의원으로 활동했어. 외무위원회 소속이었지. 소수 지배 은행업계의 충실한 하인이었던 스위스 재정경제 담당 장관이 "채무를 건드리는 자는 누가 되었든 세계 경제를 위험으로 몰아가는 자야!"라고 외쳐대는 소리를 몇 번이나 들어야 했던지…. 어떤 한 나라가 외채의 무게를 견디다 못해, 결국 더는 빚을 갚지 못하고 원리금 상환을 중단하는 사태에 놓이게 될 때마다 〈월스트리트 저널Wall Street Journal〉지와 〈파이낸셜 타임스Financial Times〉지는 대재앙이 시작되는 것처럼 호들갑을 떨곤 한단다.

하지만 2007년에서 2008년 사이에 엄청난 금융위기가 전 세계 거의 모든 증권가를 강타한 적이 있었어. 그 2년 사이에 자산 가치 수천억 달러가 증발했고. 거래소에 상장된 주식 가운데 일부는 가격이 65퍼센트가량 곤두박질치기도 했지. 나스닥에 등록된 일부 첨단기술 주식들은 80퍼센트 이상 가격이 하락하는 날벼락을 맞기도 했어. 나스닥은 최초의 장외 주식거래 시장으로, 1971년 설립 당시 그때 막 태동 중인 기술 관련 기업들을 대거 받아들여 전자 기기를 통한 거래에 나섰었거든. 이 기간 동안 거래소에서 증발된 액수는 제3세계 122개국의 외채를 전부 합친 액수보다 훨씬 컸단다.

그렇지만 비교적 짧은 기간 내에 금융 중심지들은 원래의 지위를 회복했지. 요컨대 세계의 은행 체제는 위기를 무난하게 소화했다, 이런 말이야.

그렇다면 요즘은 상황이 어떤가요?

빚이라는 압박 장치는 여전히 작동하고 있지, 특히 제일 가난한 나라들의 채무는 그 어느 때보다도 증가한 상태고. 수많은 주민들이 포식자들에 의해 의도적으로 후진국 상태에 머물러 있다는 뜻이란다!

감탄을 금할 수 없는 아이티 사람들의 예를 들어볼까? 그들은 지금으로부터 200년 전에 백인 노예무역업자들을 몰아냈어. 프랑스 대혁명 선포에 고무된 아이티 사람들은 1791년 봉기 때 노예들에게 자유를 부여했단다. 1802년, 아이티 사람들은 나폴레옹 1세가 노예 제도 재정비를 위해 파견한 무장 병력을 와해했지. 1814년엔 루이 18세가 자신의 권위를 인정받기 위해 아이티에 파견한 협상가 프랑코 데 메디나 Franco de Medina를 참수형에 처했고.

일이 이렇게 되자 프랑스는 전략을 바꿨어. 아이티를 상대로 금융, 경제, 외교, 그리고 무엇보다도 해상 통상 금지령을 내린 거지. 프랑스의 금지령에 영국과 다른 유럽 열강들이 호응했고. 아이티 대통령 장-피에르 부아예Jean-Pierre Boyer는 나라의 파산을 막기 위해 어쩔 수 없이 프랑스와 협약을 맺어야 했지.

이 협약으로 프랑스는 예전 노예 소유주들에게 보상을 해줄 것을 아이티에게 요구했고, 부아예 대통령은 금화로 1억 5,000만 프랑을 지불하겠다는 약속을 수락하지 않을 수 없었어. 이 천문학적인 액수는 1883년까지 한 푼의 에누리도 없이 해마다 조금씩 지불되었단다.

그런데 그렇게 오랜 기간 동안 아이티 사람들은 항의 시위도 벌이지 않았나요?

조라야, 아직 이야기는 끝나지 않았어. 유엔 사무총장이었던 코피 아난Kofi Annan은 2001년 8월 28일부터 9월 2일까지 남아프리카 공화국의 항구 도시 더반Durban에서 최초의 인종차별 반대 회의를 소집했지. 아이티에서는 당시 대통령이었던 장 베르트랑

아리스티드Jean Bertrand Aristide가 이끄는 대표단이 참석했어.

아리스티드는 전직 살레지오회 소속 사제로 가냘픈 체구에 구릿빛 피부를 지닌 인물이었지. 더반에서 열린 이 회의에서, 그는 대단히 격한 연설을 했고 그 자리에 참석한 라틴아메리카, 아시아, 아프리카 대표단들의 열렬한 박수를 받았단다. 그는 프랑스를 향해 금화 1억 5,000만 프랑을 환불하라고 요구했어. 이 액수에 1814년부터 쌓였을 이자까지 더해서 내놓으라고 호통을 쳤지. 프랑스 대표단은 물론 그의 요청을 거절했고.

2004년 아리스티드는 쿠데타로 대통령 자리에서 물러났는데, 아이티 사람들의 상당수는 프랑스 정보 조직이 그 쿠데타를 일으켰다고 믿고 있단다.

루이 18세가 생각해낸 해상 통상 금지령이라는 협박은 따지고 보면 아주 고약한 수였네요.

안타깝게도 세계주의자들의 냉소적인 태도는 그 이후로 별반 달라지지 않았단다. 우리와 같은 시대에 살고 있는 자본주의자들의 오만방자함은 200년 전 파리 금융업자들의 파렴치함과 다르지 않아. 탐욕스럽고 냉혹한 '벌처펀드Vulture Fund'들의 운용 방식이 그걸 증명해주거든.

'벌처펀드'라니, 그게 정확하게 뭔데요? 저도 아는 것 같긴 한데. 우리가 작년에 만날 때마다 할아버지는 몇 주 동안 내내 그 이야기만 하셨으니까요.

맞아, 조라야. 아까 남반구 국가 대부분은 외채에 짓눌려 허덕이고 있다고 할아버지가 말했었지. 그 나라들 가운데 더러는 정기적으로 채무 변제 불가능 국가가 된단다. 채권자인 대형 은행들에게 원리금 상환을 할 수 없는 상태에 이른다는 말이지. 그럴 경우 파산 상태의 나라가 "나는 더 이상 지불할 능력이 없으니 내 빚을 줄여줄 협상을 합시다"라고 말하지. 그러면 경우에 따라서 채권 은행이 이를 수락할 수도 있어. 돈을 빌려준 은행 입장에서는 전혀 돈을 돌려받지 못하는 것보다는 30~40퍼센트 정도라도 돌려받는 편이 낫다고 생각하는 거지. 이렇게 되면 채무 국가는 채권이라고 하는 증서를 새로이 작성하는 거야. 처음에 비해서 60~70퍼센트 정도 내려간 액수의 채권이 만들어지게 돼.
그런데 예전 채권도 여전히 시중에 돌아다닌다는 것이 문제란다. 바하마, 퀴라소Curaçao, 저지Jersey 섬 같은 조세 천국에 주소를 둔 투자기금들이 이 예전 채권들을 헐값에 사들인 다음, 뉴욕이나 런던 같은 도시의 법원에 가서 채권에 적힌 원래 액수 그대로 지급해줄 것을 요청하는 거지. 이 경우 일반적으로 원고 승소 판결이 나는 편이고! 이런 투자기금들을 관용적으로 '벌처 펀드'라고 부르는데, 죽은 혹은 죽어가는 동물들의 고기를 양식으로 삼는 독수리 부류의 행태에 빗댄 표현이란다.

어휴, 할아버지, 정말 복잡하기도 하네요!

네가 이해하기 쉽도록 예를 들어주마. 1979년, 잠비아는 루마니아에서 3,000만 달러어치의 농기구를 사들였어. 그런데 1984년에 이 나라는 지급 불능 상태가 되고 말았지. 이후 버진 아일랜드라는 곳에 주소를 둔 어느 회사가 300만 달러에 루마니아 채권을 매입했고, 곧 런던의 법정에 3,000만 달러를 지불해줄 것을 요청하는 고소장을 접수했어. 그런데 이 회사 측, 즉 원고의 주장이 타당하다는 판결이 나왔단다. 이에 따라 전 세계에서 잠비아산 구리 수출품, 잠비아 정부 소유의 런던 소재 몇몇 빌딩, 남아프리카공화국으로 들어가던 잠비아 트럭 등이 압류되었지. 결국 잠비아 정부는 항복하고 말았어. 1,550만 달러를 이 벌처펀드에 지불하기로 약속했으니까.

2017년 기준으로, 26개 벌처펀드가 32개 채무국을 상대로 제기한 227건의 소송이 전 세계 48개 사법기관에서 진행 중이야. 포식자 원고들의 승소율은 지난 2005년부터 2015년 사이의 기간 동안 77퍼센트나 증가했어. 그 자들이 같은 기간에 얻어낸 이득은 33퍼센트에서 1,600퍼센트에 이르기까지 다양하지.

정말이지 너무하다 싶을 정도로 냉정한 사람들이로군요! 가난한 나라 사람들은 그런 벌처펀드를 상대로 완전 무방비 상태인데 말예요. 법을 바꿔서 이런 식의 염치없는 행태를 금지할 수는 없을까요? 새로운 사법 기준을 만들면 되잖아요?

가난한 나라 사람들은 아닌 게 아니라 완전 무방비 상태지. 경우에 따라서는 벌처펀드가 사람들을 죽이기도 해. 말라위를 예로 들자면, 이곳은 아프리카 남동쪽에 위치한 작은 농업국가야. 주민들은 옥수수를 주식으로 먹는데 이 나라엔 자주 기근이 들곤 하지. 같은 상황에 처한 다른 나라 정부들과 마찬가지로, 말라위 정부도 그런 이유로 옥수수를 비축해두었어. 이 저장 창고는 '국립 식품 저장청'이라는 관청에서 관리했단다. 2000년 에만 해도 말라위에서 비축해둔 옥수수는 4만 톤 정도였어.

그러던 2002년, 극심한 가뭄 때문에 농사를 거의 망치게 되면 서 당시 1,100만 명의 전체 주민 가운데 700만 명이 배를 곯게 된 거야…. 그런데 말라위 정부는 비축해둔 옥수수를 풀어 주 민들을 살릴 수가 없었어. 저장고가 텅텅 비어 있었거든. 그보다 몇 달 앞서, 영국 법원이 국립 식품 저장청을 상대로 4만 톤의 옥수수 비축분을 세계 시장에 팔라는 판결을 내렸기 때문이란 다. 벌처펀드에게 지불해야 할 돈을 마련하기 위해서였지. 결국 말라위에서는 그해 수만 명의 남녀노소가 기근으로 목숨을 잃 고 말았지.

할아버지, 그런데 채무를 줄여주겠다고 협상한 은행들은 이런 벌처펀드를 상대로 항의를 한다거나, 이의를 제기하 지 않나요?

그보다 더 나쁘지! 채권 은행들은 침묵하고 있을 뿐 아니라, 그들 가운데 대다수가 이중 플레이를 하고 있거든. 벌처펀드가 얻어낸 이익이 누가 봐도 눈이 돌아갈 만큼 막대한데, 자세히 들여다보면 이들 대형 은행들이 바로 그 같은 벌처펀드의 대주주들이란다….

아니, 세상에 어떻게 그런 일이 있을 수 있죠?

아주 간단해. 빚을 줄이는 협상이 시작되면 채권자인 대형 은행의 수장들은 빚 때문에 허덕이는 채무국의 재무부에 마련된 협상 테이블에 그 나라 관계 부서 장관들과 마주보고 앉게 되지. 협상이 끝나면 뉴욕이나 파리, 런던, 프랑크푸르트, 취리히 등지의 에어컨 잘 들어오는 자기들 집무실로 돌아가서, 벌처펀드에 입이 딱 벌어질 정도의 대출을 허가해주는 거야.

아무도 그런 이중 플레이를 고발하지 않나요?

지난 해, 유엔인권이사회에서 한 무리의 라틴아메리카 국가들이 아프리카 국가들의 지원을 받아 벌처펀드 금지를 목적으로 하는 새로운 국제법을 제안했어. 하지만 프랑스, 독일, 미국 등

서방 국가 대부분은 이 제안을 거부했고. 누가 봐도 명백히 벌처펀드의 입김 탓이었지. 덕분에 벌처펀드는 물 만난 고기마냥 여전히 활개를 치는 거란다.

8

무제한적인
이익을 향한 광기

할아버지, 왜 아무도 자본주의자들이 저지르는 범죄 행위
에 대해서 진정으로 항의하지 않는 거죠? 이 세상에는 정
말 수많은 사람들이 있는데 말이에요. 왜 사람들이 사회
불의에 대해서 아무 말도 하지 않는 거냐고요?

왜 그런지 그 이유는 많기도 하거니와 아주 복잡하단다. 우
선, 할아버지가 보기엔 말이지, 서양에서는 사람들이 감히 세상
을 있는 그대로 생각하지 못하는 것 같구나.
이제는 세상을 떠난 내 친구이자 '인간의 대지Terre des hommes'
재단의 설립자 에드몽 카이저Edmond Kaiser 는 순교자에 버금가는
제3세계 어린이들에 대해서 이렇게 말했어. 참고로 그 친구는

가엾은 어린아이들을 위해 일생을 바친 인물이야. "세상이라는 솥을 열면, 아우성 소리가 어찌나 큰지 하늘도 대지도 다 저만 치 물러나게 될 것이다. 대지도, 하늘도, 우리들 가운데 어느 누구도, 어린아이들의 불행과 그 아이들을 짓밟는 권력의 무게가 얼마나 끔찍하고 무서운지 제대로 가늠하지 못했으니 말이다."

내가 유엔 식량특별조사관 임기를 처음 시작했을 때는 보고 서 말미에 늘 영양실조 때문에 생긴 질병으로 희생당한 아이들 의 사진을 첨부했어. 특히 '노마 noma' 때문에 일그러진 얼굴들 사진이 제일 많았지.

맞아요, 저도 기억나요. 할아버지가 보여주셨잖아요. 노마 는 아이들의 얼굴을 갉아먹어요. 아, 정말 끔찍했어요!

먼저 약한 곳부터 염증이 시작되는데, 가령 균이 아이의 잇몸 같은 곳을 공격하는 거지. 그러다가 점차 모든 조직이 흐물흐물 녹는 거야. 입술과 뺨이 사라지고, 구멍이란 구멍은 커다랗게 뻥 뚫리지. 두 눈도 떨어지고. 안구를 감싸고 있는 뼈가 녹아버 리니까. 턱이 붙어버려서 아이는 입도 벌릴 수 없게 되지.

내가 그 일을 시작했을 때 유엔인권이사회 사무총장 에릭 티

스투네^{Éric Tistounet}는 겉으로 드러나지는 않았지만 아주 세심한 우정을 보여주었단다. 어느 날 저녁, 마침 유난히도 실망스러운 회합을 마친 후였어. 나의 권고 사항이 모두 거부당했거든. 그때 에릭은 나한테 이런 말을 했어. "더 이상 보고서 끝에 충격적인 사진일랑 첨부하지 말게···. 그 사진들 때문에 각국 대사들이 거부하는 거야. 어린아이들의 망가진 얼굴을 차마 볼 수 없으니까 자네가 작성한 보고서를 제대로 읽지도 않고 옆으로 밀어두는 게지."

그날 이후부터 할아버지는 더 이상 보고서 부록에 사진을 넣지 않았단다. 상시적인 영양실조가 초래하는 각종 폐해와 고통을 지나치게 상세히 묘사하지도 않았어.

그래도 그렇게 해줄 신문이며 텔레비전 방송은 수두룩하잖아요···.

거의 모든 기자들은 의식적이건 무의식적이건 자기 검열이란 것을 가지고 있지. 거기에다가 특히 민주주의가 뿌리 내리고, 원칙적으로 언론 자유를 떠받든다는 서구 국가에서는 소수의 억만장자들이 주요 미디어마저 장악하고 있거든. 프랑스를 예로 들면, 5명의 억만장자가 일간지·주간지·월간지의 80퍼센트를 소유하고 있어. 그러므로 사실상 야만적인 자본주의 체제로 인한 희생자들에 관한 너무 충격적인 정보는 집단의식에 도달하기도 전에 걸러지는 게지.

아, 그런 거였군요. 그게 정말이에요? 얼른 떠오르는 실례도 있으세요?

예시라면 너무 많지. 2001년 9월 11일에 일어난 일을 생각해보자. 이슬람 테러리스트들, 제정신이 아닌 자들이었지, 아무튼 그들이 승객을 가득 실은 비행기 2대를 뉴욕의 고층빌딩 쪽으로 돌진시켰잖니. 또 다른 1대는 워싱턴의 펜타곤(미국 국방부)을 향했고, 네 번째 비행기는 펜실베이니아에서 추락했지. 폭파되어 추락한 비행기와 무너진 건물에서 67개 국적을 가진 2,977명의 남녀노소가 범인들에 의해 목숨을 잃었어. 이 비극은 전 세계를 충격에 빠뜨렸고, 그로부터 18년이 지난 지금까지도 이 사건은 우리의 집단의식 속에 뚜렷하게 아로새겨져 있지.

그런데 말이다, 같은 2001년 9월 11일 남반구에서는 여느 날과 마찬가지로 10세 미만 어린이 3만 5,000명이 기근 또는 그로 인한 후유증으로 목숨을 잃었단다. 하지만 여기에 대해서는 아무도 언급하지 않았어.

그렇다면 자본주의자들은 양심의 가책 같은 거라고는 느끼지 않는 걸까요?

그들은 자기들이 그런 일에 책임이 있다고 느끼지 않아. 시장이라는 '보이지 않는 손'이 세상을 지배하며, 그 손은 중력이나 천체의 운동처럼 변치 않는 '자연의 법칙'에 따라 움직인다고 입버릇처럼 말하지. 그 자들은 자신들의 선택과 결정을 정당화하고 합리화하는 이론을 내세우는데, 아주 일관성 있고, 공격적이며, 복잡하고 놀라울 정도로 효율적인 이 이론을 우리는 '신자유주의'라고 부른단다.

신자유주의가 정확하게 무슨 내용인데요?

이 할아버지가 유엔 식량특별조사관으로 일하는 동안 마주친 대형은행 책임자들 가운데 가장 뛰어나고 가장 교양 있는 사람은 단언컨대 제임스 울펀슨James Wolfensohn이라는 오스트레일리아 부자였어. 나중에 세계은행 총재까지 지낸 인물이지. 그는 마음이 따뜻하고 호감 가는 사람이었어.

울펀슨에게는 '국적 없는 글로벌 거버넌스'라는 것에 대한 강한 믿음이 있었는데, 그는 이것이 인류 역사의 궁극적인 지평이 되어줄 거라고 생각했단다. 나는 그가 세계은행 총재로 재직하는 동안 개최한 세미나에 참석할 때마다 그의 이 믿음에 대해서 들을 수 있었지. 국적 없는 글로벌 거버넌스가 뭐냐면, 한마디로 모든 규제로부터 해방된 세계 시장의 자율 규제 장치를 믿자는 뜻이야. 그러니까 경제 분야에 있어서 모든 공공 규제 장치를 제거하자는 말이라고.

울펀슨과 자본주의자들에게 첫째가는 명백한 진리는 바로 이거야. 자본이 완전히 자유롭게 움직일 수 있다면, 그래서 그 어떤 국가도 이것에 규제를 가하거나 이것을 영토라는 테두리 안에 묶어놓지 않는다면, 그 자본은 매 순간 가장 큰 이익을 실현할 수 있는 곳으로 옮겨 간다는 거지. 그러므로 민간 자본에게 주어진 행동의 자유와 생산성의 신속한 향상은 밀접하게 연결되어 있다는 거야.

안타깝게도 너무 일찍 세상을 떠난 나의 친구 피에르 부르디외Pierre Bourdieu(프랑스의 사회학자–옮긴이)는 이들의 신념이 진정한

망상이라고 여겼단다. 그리고 이것에 대해 다음과 같은 논평을
했지. "반계몽주의가 돌아왔다. 그러나 우리는 이번엔 스스로
합리적이라고 주장하는 사람들을 상대해야 한다." 합리주의자
라는 탈을 쓰고서 제일 황당한 거짓말을 퍼뜨리고 다니는 자들
말이다.

그 거짓말이라는 게 어떤 것들인지 설명해주세요.

그러마. 1991년 8월 구소련이 해체된 이후, 금융 자본주의는
들불처럼 번져나가 지구 전체를 정복했지. 신자유주의는 지배적
인 이념으로 등극했고. 문필가 기 드보르Guy Debord는 이 순간을
가리켜 "처음으로, 우리가 하는 모든 행동과 우리가 대화 주제
로 삼는 모든 대상의 주인이 동일한 인물(자본주의자들)이었다"고
표현했단다. 그의 시각이 아주 정확했지.

1991년 이후 자유화는 현기증 날 정도로 가속화되었어. 전에
도 너한테 얘기했던 것 같은데, 10년 남짓한 기간인 1992년부터
2002년 사이에 세계 총생산은 2배가 되었고, 세계 무역량은 3배
로 증가했어. 그런데 그와 동시에 남반구의 많은 나라에서는 빈
곤이 눈에 띄게 증가했단다. 세계 시장의 자유화는 더 빨리, 더

멀리 퍼졌지만 그렇다고 해서 이 세상에서 빈곤이 사라진 건 아니라는 말이지.

다시 말하자면 세계 시장이 더 빠르게 자유화됨으로써 발생한 이익은 거의 전적으로 시장을 지배하는 소수 자본주의자들에게만 돌아간 거란다. 이 새로 출현한 반계몽주의가 만들어낸 위선은 바닥을 알 수 없을 정도로 골이 깊어. 무슨 말인지 이해하겠니?

네, 이해하려고 노력 중이에요.

좋아. 이젠 신자유주의 이데올로기가 요구하는 '무역의 완전한 자유'에 대해 이야기해보자꾸나. 현실적으로 무역의 완전한 자유는 말이다, 헤비급 세계 챔피언 마이크 타이슨Mike Tyson과 잘 못 먹어서 체구도 작고 골골거리는 젊은 방글라데시 출신 선수와의 권투 시합과 비슷하다고 말할 수 있어.

자본주의자들은 "시합은 공정성 원칙을 지켜야 한다. 시합 조건은 두 선수 모두에게 동일해야 한다. 그러면 누가 되었든 더 실력이 좋은 선수가 이길 것이다!"라고 말하지. 얼핏 들으면 이들의 말이 옳아. 타이슨과 방글라데시 출신 영양실조 선수의 시합 조건은 같으니까. 똑같은 링에서, 똑같은 시간 동안, 똑같은 글러브를 끼고, 똑같은 규칙을, 똑같은 심판이 적용하니까…. 그렇지만 누구나 방글라데시 선수가 형편없이 질 것이라고 예측할 수 있지.

자, 예를 들어 신자유주의자들은 외국인 투자자들과 국내 투자자들을 동등하게 대우해야 한다는 원칙을 관철시켰어. 코트디부아르는, 너도 아는지 모르겠는데, 세계 제1의 카카오 생산국이지. 그런데 원주민 기업가가 운영하는 카카오 콩 가공 공장 바로 옆에 네슬레나 혹은 다른 기업연합이 같은 조건으로 공장을 세운다면, 이들이 눈 깜짝할 사이에 원주민 공장을 파산으로 몰고 갈 거라는 건 눈 감고도 알 수 있거든.

어째서요?

세계 제1의 농산물 가공 회사인 데다 매출 총액 세계 27위인 네슬레는 거의 무제한적인 자금력을 지니고 있어. 그러니까 그 회사는 마음만 먹으면, 마음먹고 결정만 내리면, 코트디부아르 기업 하나쯤 파산시키는 건 일도 아니지. 아프리카의 카카오 콩 농사꾼에게 원주민 투자자가 주는 돈보다 확실히 많은 돈을 주면 그것으로 게임 끝일 테니 말이다. 코트디부아르 공장주가 어쩔 수 없이 공장 문을 닫을 때까지 그렇게 하면 돼. 이렇게 해서 독점적인 위치에 올라서게 되면, 승리를 거둔 기업은 카카오 콩을 사들이는 가격을 대폭 낮춰버리지.

신자유주의자들이 들먹이는 '투자자의 동등한 대우'라는 신성한 원칙, 도처에서 세계주의자들이 기를 쓰고 관철시키는 이 원칙은 이렇듯 가난한 나라가 산업화하고 빈곤에서 벗어나는 길을 막아서는 장애물이 되는 거야.

제가 보기에는, 자유주의가 더 많은 자유를 뜻한다고 믿게 하는 사람들 때문에 우리가 잘못 생각하게 되는 것 같아요. 누구나 자유는 좋아하니까요!

그렇단다, 조라야. 자본주의를 주장하는 자들은 꾸준히 그런 환상을 불어넣지. 자유로운 무역과 정치적 자유가 동의어라고 믿게 하는 거야.

유럽위원회의 대외무역 책임자로 일했고 이어서 세계무역기구 사무총장 자리에 오른 파스칼 라미Pascal Lamy는 머리끝부터 발끝까지 신자유주의에 대한 확신으로 똘똘 뭉친 인물이야. 그

자는 오늘날 자유주의적인 사상을 가진 우파 지식인들 가운데
에서 가장 두뇌가 명석하고, 가장 영향력 있는 인재 중 하나일
거야. 비록 희한하게, 그가 일부 좌파 성향의 정치계 인사들과도
친분을 유지하고 있다고 해도 말이야. 그 자가 뭐라고 했는지 말
해줄까? "나는 무역 분야에서 더 많이 개방된 나라는 필연적으
로 덜 억압적이 될 수밖에 없다고 확신한다."

현재 중국의 수장인 시진핑은 무역의 전적인 자유를 열렬하
게 신봉하는 사람이지. 그런데 그가 이끄는 나라는 세계에서 가
장 억압이 심한 나라 가운데 하나로 손꼽혀. 중국은 심지어 사
형 집행 건수에서 세계 기록까지 보유한 나라란다. 게다가 그
나라는 유일 정당의 통치를 받고 있지. 비밀경찰은 막강한 힘을
가지고 있고. 파업을 범죄와 동일시한다는 법까지 제정한 나라
가 중국이야.

할아버지, 그래도 저는 모든 자본주의자들이 괴물은 아닐
거라는 생각이 들어요. 성공한 자들, 그러니까 노동자들
에게 일자리를 제공하고 유용한 상품들을 생산하는 자들
가운데에도 반드시 모두에게 좋은 일을 하는 사람들이 있
을 거라고요….

네 말이 맞다, 조라야. 그런 자들은 양심의 가책을 덜기 위해 비밀스러운 무기를 지니고 있어. 그 무기를 가리켜서 '황금비 golden rain'라고들 하지.

치… 그게 뭐예요, 무슨 그리스 신화도 아니고. 제우스처럼 황금비를 내려 대지를 비옥하게 한다는 말인가?

농담이 아냐. 황금비라는 말은 18세기에 데이비드 리카도와 애덤 스미스라는 아주 놀라운 두 인물이 처음으로 만들어냈어. 두 사람의 정리는 대략 이런 식으로 간추릴 수 있을 게다. 빵의 증가가 일정 수준에 도달하면, 가난한 자들에게 이를 분배하는 일은 거의 자동적으로 이루어지게 된다는 거야. 부자들이 제아무리 값비싸고 기상천외한 목표를 가지고 있다 하더라도, 이를 충족시키는 정도보다 훨씬 더 많은 부를 손에 넣고 나면 결국 자진해서 이를 재분배하게 된다는 거지.
즉 부가 일정 수준에 도달하고 나면 자본주의자들은 더 이상 부를 축적하지 않고 이를 덜 가진 이들에게 분배한다는 말이야. 억만장자는, 자기가 가진 돈이 너무 많아서 말 그대로 더 이상 뭘 해야 할지 알 수 없기 때문에 자기 기사의 월급이라도 올려주게 된다, 이런 말이지.

그렇지만 맞는 말이잖아요. 무지무지 부자라고 해서 3대의 롤스로이스를 동시에 운전할 수는 없을 테니까요. 호사스러운 5채의 대저택에서 동시에 잠을 잘 수도 없고, 식사 때마다 철갑상어 알을 5킬로그램씩이나 먹을 수도 없는 노릇이니까요!

실제로 리카도와 스미스도 그렇게 생각했고, 그런 생각을 글로 남겼지. 두 사람에 따르면, 부의 축적에도 객관적인 한계가 있다는 거였어. 부자가 더 이상 자신이 지닌 모든 부를 향유할 수 없다면, 그는 사용할 수 없을 정도로 남아도는 부를 주변 사람들에게, 제일 가난한 사람들에게까지 나눠주게 된다는 말이지. 비참하게 사는 사람들, 멸시를 받는 사람들, 굶주린 사람들도 결국 언젠가는 '황금비'를 맞을 수밖에 없다고 두 사람은 주장했어.

하지만 리카도와 스미스가 저지른 실수는 명백하지. 두 사람의 이론은 재화의 사용 가치에 토대를 두었지만, 세계주의자들이 악착스럽게 부를 축적하는 데에는 탐욕 혹은 지배욕 같은 단

하나의 동기만 작용할 뿐이거든. 이들은 이웃이나 경쟁자보다 더 많은 부를, 더 큰 자본을 쌓겠다는 일념 하에 움직인다는 말이야. 무제한적인 이익을 추구하려는 광기 앞에서 재화의 사용가치 따위는 아무런 역할을 하지 못한단다.

그럼, 리카도와 스미스의 판단이 틀렸다는 말씀이시네요?

그렇지, 그것도 아주 심각한 실수를 한 거야!

그렇게 큰 실수들이 있었는데, 누가 아직도 신자유주의 이론을 믿을 수 있겠어요?

유감스럽게도 아직 굉장히 많은 사람들이 신자유주의를 믿는단다! 자본주의자들이 쟁취한 가장 큰 승리는 우리로 하여금 '경제는 인간의 의지에 달린 것이 아니라 자연의 법칙에 따른다'고 믿게 만든 거라고 할 수 있어. 시장의 힘은 완벽하게 자율적이고 통제할 수 없다, 그러니 인간들은 거기에 복종할 수밖에 없다는 믿음을 심어준 거라고.

2000년, 베를린에서 보낸 어느 날이 지금도 기억나는구나. 할아버지는 그때 사회주의 인터내셔널Internationale socialiste의 집행위원회 위원이었지. 우리는 라이히스탁Reichstag의 유서 깊은 방들 가운데 하나에서 일하고 있었단다. 이곳은 독일제국 시대의 국회의사당으로, 히틀러가 통치하던 시기인 1933년 방화 사건과 제2차 세계대전 막바지에 집중된 베를린 공습에서도 살아남은 유명한 건물이지. 그날 뒤셀도르프Düsseldorf, 보훔Bochum, 도르트문트Dortmund, 에센Essen 등 독일의 산업 중심인 루르Ruhr 지역 전역에서 수십만 명의 남녀 노동자, 사무원, 엔지니어, 관리 직원들이 거리로 쏟아져 나왔어. 공장의 해외 이전에 항의하기 위해서였지.

어째서 공장을 해외로 이전하는 걸까? 라인란트 일대의 자본주의자들 대다수는 자기들이 벌어들이는 이익이 너무 적다는 불만을 품고 있었어. 하지만 그들이 가진 기업은 자기들 욕심에 비추면 이익이 적었을지 모르나 수익성이 좋은 회사들이었지. 어쨌든 자본주의자들은 자기 기업을 루마니아나 슬로바키아, 헝가리 등지로 이전하기로 결정했어. 더러는 타이완 또는 중국의 '산업 특화 지역'으로까지 옮겨가기도 했어. 이런 지역에서는 독일에 비해서 임금이 훨씬 낮으니까 독일 자본주의자들은 이익을 2배, 3배까지도 불릴 수 있다고 확신한 거란다.

당시 유럽에서 가장 큰 노동조합이었던 'IG메탈'은 정부의 개입, 그리고 수익성 있는 기업의 해외 이전 금지를 요구하며 여러 달 동안 조합원들을 동원해서 시위를 벌였어. 독일 자본주의자들의 공장 이전 전략은 사실상 철강, 기계 등 중공업 부문의 대량 실업과도 같은 말이었으니까.

당시 독일 총리였던 게르하르트 슈뢰더^{Gerhard Schröder}는 사회주의 인터내셔널 회의를 주재 중이었어. 그는 에너지 넘치고 유쾌하며 솔직하게 말하는 인물로서, 우울하고 속을 알 수 없는 관료들과는 전혀 반대되는 이미지를 지녔지. 그는 우리에게 시위대의 분노와 불안은 너무도 잘 이해하겠으나, 그럼에도 그로서는 할 수 있는 일이 없다고 설명했단다. 그러나 당시 사회민주당의 수장으로 녹색당과의 연합을 통해서 총리가 된 그는 의회에서 충분히 많은 의석을 확보하고 있었으므로 큰 문제 없이 루르 지방 중공업 붕괴를 막는 법안을 통과시킬 수 있는 입장이었어. 그러면 이익 극대화라는 자본주의자들의 전략에 패배를 안기고 수십만 명을 대량 실업 사태로부터 보호할 수 있었을 테지.

이렇게 볼 때, 명백히 문제의 본질은 정부와 자본주의자들 간의 알력이 아니었단다. 진짜 문제는 슈뢰더 총리가 자발적으로 신자유주의라는 반계몽주의적 주장에 동조하고 복종한다는 것이었다는 말이지. 그는 연설문을 통해서 우리에게 "아무도 시장의 힘에 맞설 수 없습니다. 루르 지역의 산업 또한 세계 시장의 흐름에 복종합니다. 나는 개인적으로 그들의 결정을 안타깝게 생각합니다…. 그러나 시장에 반기를 드는 것은 위험한 광기라고 볼 수밖에 없을 것입니다'라고 설명했어.

호감 가는 인물 슈뢰더가 이중의 언어를 구사한 걸까? 그가, 당시 사회당의 비판적인 인사들이 생각했던 것처럼, 독일과 러시아의 소수 부호들에게 양심을 판 걸까? 나는 그렇게 생각하지 않는단다. 라이히스탁의 호화찬란한 살롱에서 그가 자신의 무력함을 정당화할 때 나는 그의 진심을 믿었어. 그러면서 내 친구 피에르 부르디외가 한 말을 되새겨봤지. "신자유주의는 정복의 무기이다. 신자유주의는 시장에 맞서는 그 어떤 저항도 무용하다는 경제 숙명론의 도래를 예고한다. 신자유주의는 피해자들의 면역체계를 파괴한다는 점에서 에이즈와 비교할 만하다." 이 말은 곧, 신자유주의는 피해자에게 자신의 무력함을 주입시킨 다음 그를 완전히 마비시킨다는 뜻이야.

아무튼 결국 루르 지역에서 제일 규모가 큰 기업들, 규모가 크기 때문에 가장 번영을 누린 기업들은 해외로 설비를 이전할 수 있게 되었고, 슈뢰더 총리는 2005년 총리직에서 물러났지.

그 슈뢰더 총리라는 사람은 바보로군요!

　전혀 그렇지 않아! 베를린에서 보여준 태도를 통해서 그는 좌파 우파 구별할 것 없이 유럽 국가의 정부가 취하는 행동의 규범을 재확인시켜 주었을 뿐이니까. 그는 그저 자주성을 잃고 소외된 의식의 소유자인 거지.

'소외되었다'는 건 무슨 뜻이죠? 혹시 그게 아무 일도 하지 않고 팔짱만 끼고 있기 위한 변명이 되나요?

　소외란 대단히 신비로운 과정이란다. 소외는 사람들이 자신의 이익에 역행하는 방식으로 생각하고 행동하게 만들거든. 이 할아버지 생각엔 네가 소외가 어떤 방식으로 기능하는지 이해하는 게 아주 중요할 것 같구나. 왜냐하면 소외야말로 자본주의자들이 사람들의 정신을 지배하기 위해 휘두르는 무기니까 말이야. 소외는 우리 모두를 위협하지. 너도 물론 거기 포함되는 거고….
　세계주의자들은 그들이 지배하는 자들에게 '우리가 공동의 이익, 사회 구성원 모두의 이익을 지킨다'고 믿게 만드는 데 성공했어. '소외'의 역할은 각 개인이 가지고 있는 개별적인 정체성을 파괴하고, 그에게서 자유 의지와 자유롭게 생각하고 저항할 역량을 빼앗는 거야. 요컨대 각 개인을 상업적인 기능만으로 축소시키는 거지.

나는 이 신기한 과정에 대해 오래도록 생각해왔단다. 터키 출신 작가 나짐 히크메트Nâzim Hikmet가 이런 글을 썼지. "그들은 우리 머리의 뿌리에 족쇄를 채웠다." 소외란 자본의 법칙에 자발적으로 복종하는 걸 가리키는 거야. 그러니까 소외가 본연의 목적을 달성한다는 건, 세계주의자들이 피지배자들의 비판 정신과 싸워 대대적인 승리를 거두었다는 말과 같지.

그럼 우리도, 그러니까 엄마, 아빠, 할아버지, 나 할 것 없이 모두 소외되었나요?

아니지, 모두 그런 건 아니야! 이 할아버지도 어느 정도 비율이나 되는지는 잘 모르겠다만, 아무튼 일부 사람들은 신자유주의라는 반계몽주의에 계속 저항하고 있지. 그리고 나는 우리 집안 사람들은 대체로 저항하는 편에 속하는 것 같다고 생각하고 있고. 그렇지만 안타깝게도 소외가 많은 사람들을 갉아먹는 건

피할 수 없는 사실이란다.

어떤 방식으로 그렇게 하는데요?

네가 태어난 나라를 예로 들어보자. 스위스는 흔히들 '직접민
주주의'라고 부르는 정치 체제를 택했어. 10만 명의 시민이 모이
면 헌법의 어떤 조항을 고치거나 없앨 수 있도록 국민투표를 요
구할 수 있거든.

아, 맞아요. 투표의 일요일! 제네바에서는 끊임없이 투표
를 해요! 2달 혹은 3달 만에 1번씩 아주 다양한 주제에 대
해서 투표를 하게 되죠….

그렇지, 조라야. 그런데 그 일요일에 하는 투표는 대부분의 경
우 재앙과도 같은 결과를 낳곤 하지. 스위스는 가장 사납고, 가
장 영리한 소수 자본주의자 집단의 지배를 받는 나라란다. 인구
의 2퍼센트가 전체 자산의 96퍼센트를 소유하고 있지. 매번 국
민투표가 개최되기에 앞서, 소수 지배자들은 수천만 스위스프

랑을 동원해서 자기들이 원하는 방향으로 투표가 이루어지도록 유권자들을 독려하지. 그렇게 해서 결국 대부분의 경우 승리를 쟁취하고!

지난 20년 간 연방 정부가 주도한 국민투표를 예로 들어보마. 스위스 주민들은 자유롭게 투표에 참여했어. 규정에 따라 투표소에서 최저임금 제정, 임금 상한선 제정, 공공 건강보험 창설, 모두에게 유급휴가 일주일 연장, 퇴직자들이 받는 연금 인상 등의 주제를 놓고 비밀투표를 치른 결과 '반대'가 매번 승리했지. 아, 혹시 이런 사례들이 따분하지는 않니?

아뇨.

순한 양떼마냥 스위스 시민들은 소수 지배자들의 지시에 온순하게 복종해버렸어. 콧대 높은 스위스 연방은 이제 무늬만 민주주의의 거의 완벽한 사례가 되어버렸단 말이야.

할아버지는 그런 상황 때문에 화가 나세요?

조라야, 이 할아버지는 민중의 소극성, 즉 자본주의자 계층의 거짓말에도 기꺼이 복종하는 그 소극성에 분노하는 거란다. 이러한 소극성은 사실 스위스에만 국한된 것도 아니야. 게다가 이것의 역사는 아주 옛날로 거슬러 올라가지. 포식자들의 움직임에 대한 암묵적인 동의는 이미 프랑스 대혁명 초기 단계부터, 부르주아들이 국가의 권력을 장악하게 되면서부터 느껴지기 시작했으니까. 조라야, 혹시 삼부회의 〈진정서cahiers de doléances〉라고 들어봤니?

아뇨, 그게 뭔지 설명해주세요.

1780년대 말, 걷잡을 수 없는 경제 위기에 직면한 프랑스 국왕 루이 16세는 파리에서 '삼부회'를 소집했어. 삼부회는 당시 사회를 구성하는 3개 집단, 즉 귀족·성직자·제3신분 대표들을 한데 모아서 연 총회였단다. 그 결과 1789년 프랑스 왕국의 방방곡곡에 살던 가난한 자들과 불만 가진 자들의 요구 사항을 기록한 〈진정서〉가 작성되었지. 〈진정서〉의 어떤 대목을 읽다 보면 눈물이 절로 나기도 한단다. 이 문서는 국립기록보관소에 보관되어 있어.

그런데 말이지, "프랑스의 가난한 자들과 걸인들은(이들은 스스로를 이렇게 불렀어)" 자신들의 권리를 인정받기 위해 직접 투쟁을 벌이는 대신, 미래의 포식자들에게 모든 일을 맡겨버렸지 뭐니. 다시 말해서 부르주아 자본주의자들에게. 일이 그렇게 될 줄은 꿈에도 모르고 말이야!

1789년 10월 4일이라는 날짜가 명시된 〈진정서〉의 한 대목을 읽어줄 테니 들어보렴.

우리의 영주들(…)이여. 프랑스의 가난한 자들과 걸인들에게는, 당신들의 영주권과는 완전히 별개로, 국가의 네 번째 집단을 구성하겠노라고 주장할 권리가 있을 것이다. 그 어느 누구도 이 제4집단만큼 불만을 토로하고 발톱을 세울 이유가 많지 않을 것이기 때문이다. 우리가 지극하신 신의 섭리에 의해 부여받은 모든 권리는 여지없이 유린당했다. 그러나 우리 같은 집단을 삼부회가 받아들이게 된다면, 그 결정이 아무리 정당하다고 할지라도, 회의 진행을 방해하기만 할 것이다. (…)

당신들의 의회는, 사회의 극단에 위치한 두 집단과 중간 집단이 한자리에 모이는 충격 속에서 불쾌하기 짝이 없는 우리의 헐벗은 모습, 우리가 걸친 구역질 날 정도로 끔찍한 누더기를 보게 될 것이며 우리 몸을 뒤덮고 있는 이가 옮겨 붙을까 봐 두려

위하게 될 것이다. 그러므로 우리는 당신 영주들 사이에 우리의 대표를 보낼 마음이 없다. 비록 우리 역시 자연과 주님의 은총이라는 질서 속에서는 당신들의 형제이며 권리에 있어서 동등할지라도 말이다. 인류를 위하여 우리의 비참함, 우리의 곤궁함, 우리의 요구, 심지어 우리의 절망을 보여주는 살아 있는 그림, 가슴을 찢는 그림이 될 우리 대표단의 회의 참석은 당신들의 심사를 불쾌하게 만들고 당신들의 풍요로움의 빛을 바래게 할 것이기 때문이다. 우리가 당신들을 위하여 가장 으뜸가는 자연권이자 가장 합법적인 권리를 포기할진대, 당신들은 적어도 책임지고 우리의 권리를 보호하려고 감히 애써야 할 것이다.

그 진정서가 어딘가에 도움이 되었나요?

아니! 부르주아 자본주의자들은 대단히 부끄러운 방식으로 민중을 기만했어. 때문에 바스티유 탈취 이후 가난한 자들의 고통은 한층 더 심해졌지. 자크 루Jacques Roux의 감동적이고 통렬한 연설을 들어보렴. 그가 네 질문에 답해줄 거야. 자크 루는 속세로 돌아온 사제로, 대단히 머리 좋고 용감해서 모든 이들의 존경을 받았지. 심지어 그의 적들도 그를 칭송했을 정도니까. 그는 걸인들의 변호를 자청했어. 부질없는 짓이었지만….

혈통에 따른 귀족이나 성직자 계급에 비해 훨씬 더 끔찍한 상인 귀족은 개개인의 재산과 공화국의 금고마저 찬탈하는 잔인한 놀이를 감행했다. 우리는 이들의 부당 징수가 어떤 결과를 초래할지 아직 알지 못한다. 그도 그럴 것이 상품의 가격은 하루가 멀다 하고 무서울 정도로 가파르게 상승하고 있기 때문이다. 시민 대표들이여, 이제 이기주의자들이 사회에서 가장 힘들게 사는 계급을 상대로 벌이는 죽기 살기 식의 전투는 끝내야 할 때가 되었다…. 오, 분노여! 오, 부끄러움이여! 외부의 독재자들에게 전쟁을 선포한 프랑스 민중의 대표들이 내부의 독재자들을 짓밟지 못할 정도로 비겁하다는 사실을 누가 믿겠는가?

자크 루는 어떻게 되었어요?

공안위원회로부터 사형선고를 받았는데, 처형 전날 감옥에서 자살했어.

아무도 그의 말에 귀를 기울이지 않았겠군요?

그 정도가 아니라 훨씬 고약하지! 그 뒤로 여러 세대가 이어지는 동안 부르주아적 가치가 내재화되면서 부르주아 자본주의자들에 대한 자발적인 복종은 한층 더 강화되었으니 말이야.

100년 넘게 시간이 흐른 후, 프랑스 사회당의 창설자 장 조레스Jean Jaurès는 파리의 밤거리를 산책하던 중에 다음과 같은 발견을 했지. 너도 알다시피, 네 아빠가 이 인물을 주제로 하는 아주 아름다운 연극 작품을 만들었잖니.

나는 어느 겨울 저녁에 거대한 도시 안에서 일종의 격렬한 사회적 공포에 사로잡혔다. 서로를 알지 못한 채 지나치는 수천수만의 남녀들, 무수히 많은 사람으로 이루어진 군중이 모든 결속으로부터 풀려난 채, 고독한 유령처럼 방황한다는 생각이 들었던 것이다. 그래서 나는 내 개인의 입장과는 무관한 일종의 두려움을 안고서 어떻게 이 모든 사람들이 재화와 악의 불공정한 분배를 용납하는 것인지 자문해보았다. (…)

나에게는 사람들의 손이나 발을 묶고 있는 사슬 따위는 보이지 않았으므로, 혼자서 속으로 이렇게 질문했다. 도대체 그 어떤 신출귀몰한 기술이 있기에 고통 받고 헐벗은 수천 명의 사람들이 그 모든 것을 감내하는 걸까? (⋯) 사슬은 마음속에 있었다. (⋯) 사고가 묶여 있었다. (⋯) 사회 체제가 이들을 그렇게 만들었다. 사회 체제가 이미 그들 안에 내재해 있었으며, 어떤 의미에서는 그들의 본질이 되어버린 것이었다. 그렇기 때문에 이들은 현실에 맞서서 항거하지 않는 것이었다. 그들은 현실과 자신들을 혼동하므로.

내가 쓴 여러 책들 가운데 가장 애착을 갖는 책이 바로 《굶주리는 세계, 어떻게 구할 것인가?^{Destruction Massive}》란다. 이 책은 내가 8년 동안 유엔 식량특별조사관으로 일한 내용을 집약적으로 보여주지. 세계 여러 언어로 번역되었고, 그 덕분에 나는 로마, 밀라노, 마드리드, 베를린, 오슬로, 뉴욕 등지에서 여러 차례 강연을 하기도 했어.

그 책에서 나는 뼈가 앙상하게 드러날 정도로 바짝 마르고 팔다리를 떠는 아이들, 이들의 초점 잃은 눈동자에 대해서 이야기했어. 충분한 칼로리를 섭취하지 못해 상시적인 영양실조에 시달리는 아이들이 사는 지역이 이 지구상에서 점점 더 확대되고 있다는 말도 하고. 매 강연마다 나는 기근 때문에 날마다 수천 명의 아이들과 어른들이 대량학살 당하는 데에는 몇몇 사람의 책임이 크다는 사실을 보여주기 위해 노력했단다. 그리고 그 대량학살은 내일이라도 우리의 힘으로 멈출 수 있다고도 강조했어. 세계의 식량 총생산 및 저장, 운송, 유통의 85퍼센트를 차지하는 10대 민간 거대 다국적 기업들에 대해서 언급하면서, 쌀과 밀, 옥수수 등을 놓고 대형은행들이 거래소를 통해서 부리는 농간에 대해서도 암시하곤 했지. 이 은행들이 세계 시장에서 이런 가장 기초적인 식량의 가격을 올리거든. 나는 또 아프리카, 라틴 아메리카, 아시아 등지에서 투자기금들이 경작 가능한 땅을 차지하는 전횡도 고발했단다.

내 강연이 끝날 때면 거의 항상 누군가가 강당 구석에서 손을 들고 질문하곤 했지. "당신이 하는 말은 분명 옳은 말입니다. 나 역시 당신과 마찬가지로 영양실조와 기근으로 수많은 사람이 목숨을 잃는 일은 수치라고 생각합니다. 하지만 내가, 그저 소박한 1명의 시민에 불과한 내가, 엄청나게 돈이 많고 엄청난 권력을 가진 이 거대 기업들을 상대로 무엇을 할 수 있단 말입니까? 아무것도 할 수 없다고요!"

내가 속으로는 마치 '탈영병' 대하듯 바라보았던 그 사람들에 대한 나의 대답은 늘 똑같았단다. 분명 조급함은 점점 더해졌을 테지만 말이다. "민주주의 사회에서 우리는 절대 무력하지 않습니다. 여러분들은 가히 식인적이라고 할 만큼 야만스러운 질서를 무너뜨리기 위해 행동할 수 있습니다."

어떻게요?

조금만 기다리렴, 조라야. 곧 설명해줄 테니까.

9

유토피아는
실현 가능한가

하지만 할아버지, 자본주의를 무너뜨린다는 생각은 유토
피아를 좇는 것 아닌가요? 그럴 게 아니라 자본주의를 더
나은 방향으로 바꾸거나 잘못된 걸 바로잡아야 하는 게
아닐까요?

아니지, 조라야. 자본주의를 개혁하기란 불가능해. 완전히 파
괴해야 해. 전적으로, 과격하게. 그래야 새로운 세계 사회경제
질서가 창조될 수 있을 테니까. 1789년에 활동한 프랑스 혁명주
의자들이 과연 봉건 체제 하의 귀족 계급이 물려받은 사회적
특권을 일부 개혁할 수 있었을 거라고 생각하니? 식민주의며 노
예 무역 제도가 몇 가지 간단한 수정을 통해서 가장 기본적인

윤리에 어울리는 체제로 개선될 수 있었을 거라고 생각하느냐고? 절대 아냐, 조라야. 우리에게 요구되는 것은, 그리고 너의 세대에게 요구되는 것은, 자본주의의 파괴이며 그것의 극복이란다. 보다 인간적인 새로운 세계의 탄생을 위해서는 자본주의자들이 누리는 특혜와 무소불위의 권력이 역사의 쓰레기통으로 사라져버려야 하지. 마치 과거에 귀족들의 특혜와 권력이 그렇게 되었듯이 말이야.

완전히 다른 것, 유토피아에 대한 욕구가 우리 안에 깃들어 있단다. 우리에게 유토피아란 가치의 지평이야. 우리는 그 토대 위에서 우리의 행동 규범을 만들어가야 해.

그렇지만 할아버지, 유토피아란 절대 실현되지 않는 것 아닌가요? 꿈만 꿀 수 있는 거 아니냐고요?

아니지. 유토피아는 아주 멋진 역사의 동력이라고 할 수 있어. 유토피아는 물론 꿈을 가리키지만, 그 꿈은 우리 안에서 깨어 있는 꿈이고, 우리의 의식에 깃들어 있는 사회 정의에 대한 요구야. 새로운 세계, 행복하고 보다 더 정의로운 세계를 우리가 요구하는 거라고.

잠깐 역사를 돌이켜볼까? 인간은 분명 점차 발전된 방향으로 걸어왔단다. 노예 제도 폐지란 수세기 동안 순전히 유토피아에 불과했어. 때문에 노예 제도를 지지하는 자들이나 노예 무역상, 그들에게 돈을 대주는 은행가들에게 늘 비웃음을 사기만 했지. 그렇지만 그 유토피아가 결국 현실이 되었잖니. 물론 지난한 전투를 치러야 했지만 말이다. 게다가 우리가 살펴봤듯이 지구상 곳곳에 여전히 노예가 존재한다고 할지라도 말이야. 모두 노예를 부리던 주인들이 그들의 권력을 상실하고 오늘날엔 그저 정신 나간 범죄자 취급을 받게 되었으니 가능해진 일이지.

서구에서의 여성 해방은 또 어떤가 생각해보렴. 그 또한 수세기 동안 유토피아에 지나지 않았어. 19세기까지도 여자들에게는 영혼이 없다고 주장하는 과학자들이 있었으니 무슨 말을 하겠니. 네 할머니 세대엔 말이야, 여자들은 20살이 되어도 투표권이 없었어. 여성에게도 투표권을 달라고 주장하는 자들이 벌인 전투는 고작 3세대 전까지만 해도 권력을 잡은 남자들에겐 웃음거리에 지나지 않았지. 하지만 오늘날엔 유럽에서 제일가는 경제 대국 독일을 여성 수상이 통치하고 있잖니. 그것도 몇 번씩 재선출되면서 말이다.

사회보장제도 또한 유토피아로 치부되었지. 그런데 오늘날 질병이나 노화로 인한 곤궁 같은 문제는 사회보장제도와 각종 보험에서 보살피고 있어. 서양에서는, 그중에서도 특히 프랑스에서는 이러한 유토피아가 법에 의해서 보장되고 있지 않니?

그러니까 할아버지는 지금, 유토피아도 실현 가능하다고 말씀하시는 건가요?

유토피아는 서서히 실현되고 있어. 쿠바의 혁명가 체 게바라는 이런 글을 남겼어. "가장 탄탄한 벽도 자그마한 균열로 무너진다." 유토피아는 1948년에 발표된 유엔의 〈세계 인권 선언〉과 그에 앞서 나온 2개의 또 다른 인권 선언, 즉 1776년 7월 미국의 혁명주의자들이 작성한 〈미국 독립 선언문〉과 1789년 프랑스 혁명주의자들이 제정한 〈인간과 시민의 권리 선언문〉에도 등장한단다. 〈세계 인권 선언〉의 제일 첫 번째 조항은 "모든 인간은 존엄성과 권리에 있어서 자유롭고 동등하게 태어난다. 모든 인간은 이성과 양심을 지니고 있으며, 따라서 서로가 서로에 대해 형제애의 정신으로 행동해야 한다." 그리고 제3조엔 "모든 개개인은 자신의 생명과 자유, 안전에 대한 권리를 갖는다"고 명시되어 있어.
미국 혁명주의자들은 프랑스 동료들보다 훨씬 명확하고, 따라서 훨씬 더 일관성 있는 선언문을 작성했다고 할 수 있어. 왜냐하면 그들은 인권 항목에 대단히 특별한 권리를 1가지 첨부했거든. 바로 봉기할 권리란다. 잘 들어보렴, 조라야.

우리는 다음과 같은 사실을 자명한 것으로 여긴다. 모든 인간은 동등하게 창조되었다. 창조주는 그들에게 누구도 침해할 수 없는 권리를 부여했으니, 그중에서도 으뜸은 생명에 대한 권리, 자유에 대한 권리, 행복에 대한 권리(…)이다. 어떤 정부가, 그 형태야 어찌되었든, 이러한 목적에서 멀어질 경우 민중은 그 정부를 교체하거나 제거하고, 이러한 원칙에 토대를 두고 그들이 보기에 그들에게 안전과 행복을 제공하는 데 가장 적절하다고 생각하는 형태의 새로운 정부를 세울 권리를 지닌다.

난 우리가 나눈 모든 이야기들 중에서, 세계화된 금융 자본을 장악한 소수 지배자들이 행사하는 권력은 오늘날 진정한 의미에서의 세계 정부가 되어버렸으며 그 세계 정부는 절대 다수의 행복을 가로막는 장애가 되고 있다는 사실만큼은 네가 확실하게 기억해줬으면 좋겠구나. 그러므로 모든 인간은 그 같은 장애에 맞서서 봉기할 의무가 있어.

할아버지가 말씀하시는 봉기는 언제 일어날까요?

그야 아무도 알 수 없지. 하지만 언젠가 반드시 그런 날이 올 게다. 그날이 가까워지고 있어. 박해받는 대중이 남반구 북반구 구별할 것 없이 모든 사람들의 기억 속에 살아 있으니까. 내 친구 질 페로Gilles Perrault는 《자본주의 흑서Le Livre noir du capitalisme》라는 제목의 공동저서에서 그 점을 아주 근사하게 표현했지.

아프리카에서 아메리카로 강제 이송되고, 어리석은 전쟁의 참호 속에서 산화하고, 네이팜탄에 타죽고, 자본주의를 지키는 개들이 만들어놓은 감옥에서 고문 받다 죽고, 파리 코뮌 참가자의 벽 앞과 푸르미Fourmies와 세티프Sétif에서 총살당하고, 인도네시아에서 수십만 명씩 대량학살 당하고, 아메리카 대륙의 원주민 인디언들처럼 아예 전멸당하기도 하고, 중국에서 마약의 자유로운 유통을 위하여 대대적으로 살해당한 이름 없는 군중들이여…. 이 모든 일들을 겪으면서 살아남은 자들의 손은 존엄성을 부인당한 인간의 항거라는 횃불을 넘겨받았다. 그러나 영양실조로 하루에도 수만 명씩 목숨을 잃는 제3세계 아들딸들의 손은 곧 힘이 빠질 것이고, 그 손은 또한 꼭두각시에 불과한 지도자들이 빚으로 끌어와서 빼돌린 자본의 이자를 갚느라 뼈만

남게 될 것이며, 풍요의 계단에서 올라가지 못하고 서성거리는 수많은 소외된 이들의 손은 점점 더 힘이 빠져 떨리기만 할 것이다. (…) 비극적인 허약함으로 갈팡질팡하는 손은 현재로는 따로 떨어져 있다. 그러나 그 손들은 언젠가 한데 모일 수밖에 없을 것이다. 그날이 오면 그 손에 들린 횃불이 이 세상을 활활 태울 것이다.

할아버지가 들려주신 모든 이야기와 그 이야기를 듣고 제가 이해한 모든 것을 종합해보면, 자본주의자들은 모든 인간들이 평등하기를 바라지도 않거니와 개개인의 안전을 추구하지도 않는군요.

사실 그 자들은 그런 건 자기들이 상관할 바가 아니라고 생각하지. 사회 정의, 형제애, 인간들끼리의 상호 보완, 자유라고? 민중들 사이의 보편적인 연대, 공동의 이익, 공공 재화, 자유의사로 받아들이는 지시, 억압에서 해방시키는 법률, 공동의 규칙에 의해 바뀌는 각양각색의 의지라고? 젊고 빠릿빠릿하며 효율을 최고로 여기는 민간 거대 다국적 기업의 경영진들은 코웃음 친단다! 그런 건 다 케케묵은 헛소리일 뿐이라고 말이야.

이들에게는 다른 임무가 있어. 자본주의 체제의 근간을 이루는 원칙은 첫째도 둘째도 이익이지. 그러니 모든 개인들과 민족들 사이에서는 피도 눈물도 없는 경쟁만 있을 뿐이야. 자본의 원리는 대결에, 전쟁에, 약자를 짓밟아버리는 데 있어. 때문에 자본주의는 전쟁으로부터 마르지 않는 이익을 퍼 올린다는 사실을 덧붙여야겠구나. 파괴하고, 재건하고, 무기 거래를 하는 과정에서 막대한 이익이 발생하는 거지.

조라야, 다시 한 번 거듭 말하거니와 자본주의 체제는 서서히, 점진적으로, 평화로운 가운데 개혁할 수 있는 게 아니란다. 소수 부자들의 양팔을 부러뜨려야만 한다고.

그런데 할아버지, 우리가 얘기하는 동안 할아버지는 자본주의 체제를 이끌어가는 제후들의 전지전능함에 대해 누누이 강조하셨어요. 그렇다면 우리같이 힘이라고는 없는 약자들이 어떻게 제일 힘센 자의 두 팔을 부러뜨릴 수 있다는 거죠?

조라야, 우리가 카를 마르크스에 대해서도 많은 이야기를 나눴던 거 기억할 테지. 마르크스가 친구 요제프 바이데마이어

Joseph Weydemeyer에게 보낸 한 편지를 보면 그는 이렇게 말해. "혁명가는 풀이 자라나는 소리를 들을 수 있어야 하네." 이 할아버지가 장담하건대, 지금 그 풀이 자라나고 있어!

제가 보기엔 할아버지가 그저 희망적인 것 같아요. 그건 그렇고, 제 질문엔 아직 답을 안 하셨어요!

잘 들어라, 조라야. 거대한 힘이 우리 안에 잠들어 있단다. 이 제는 네 질문에 대답을 해줘야겠구나. 워낙 어려운 질문이라….

봉기의 힘은 우리 각자가 '이런 세상을 언제까지고 받아들일 수는 없다'고 이성적으로 거부하는 데 있어. 절망과 기근, 비참함, 고통, 절대 다수가 당하는 착취 등이 소수, 즉 일반적으로 백인이며 자신이 누리는 혜택에 대해 의식하지 못하는 자들의 복지를 위한 자양분이 되는 세상 말이다.

독일이 낳은 철학자 이마누엘 칸트는 말했지. "나 아닌 다른 사람에게 가해지는 비인간성은 내 안의 인간성을 파멸시킨다"고. 정언명령 도덕법칙은 우리 각자의 마음속에 깃들어 있으므로 이를 일깨우고, 저항 정신을 동원해서 전투를 조직해야 한다는 거야. 의식의 봉기는 도처에서 관찰되고 있어. 현재 우리는 저항 전선이 점점 더 증대되는 현실을 목격하고 있는 중이지. 우리 삶의 모든 분야에서 말이야.

조라야, 새로운 역사적 주제가 급부상하고 있단다. 바로 '지구촌 시민사회'야. 지구촌 시민사회라는 화두는 지극히 다양한 문화, 사회 계층, 연령대에 속하는 수백만 명의 남녀를 한데 모으는 구심점 역할을 하지. 이들에게는 오직 하나의 동기만 있을 뿐이야. "나는 타인이고 타인은 나다." 중앙 위원회니 정당 노선 따위는 더 이상 필요가 없어. 지구촌 시민사회는 오늘날 5대륙에서, 가장 예상을 뛰어넘는 장소에서, 식인적인 세계의 질서에 맞서는 수많은 저항 전선으로 구성되어 있단다. 더 이상 다양할 수 없는 사회 운동이 이를 대표하고 있지.

1억 2,000만 명에 이르는 소작인, 소농, 일용직 농업 노동자들의 조직인 비아 캄페시나 La Via Campesina, 성차별과 폭력에 맞서서 싸우는 여성운동 모임, 자연과 생물 다양성에 가해지는 위협에 대항하여 투쟁하는 그린피스, 투기 자본으로 인한 폐해를 제한하려는 아탁 Attac, 최소한의 인권 존중을 위해 싸우는 앰네스티 인터내셔널, 그 외에도 국내와 해외를 막론하고 수천수만의 크고 작은 사회적, 반자본주의적 운동들이 활동하고 있어. 이들이 모두 한데 모이면 신비한 형제애가 형성되고, 이러한 연대감은 하루가 다르게 점점 더 강력한 힘이 되어 자본주의라는 야만에 맞서 투쟁하게 되는 게지. 현재 지구상에는 이렇듯 각성한 사람들이 수억 명에 이른단다.

그럼 이제 무슨 일이 일어날까요?

시간은 곧 인간의 목숨이야. 가난한 사람들을 더 이상 기다리게 해서는 안 되지. 그렇기 때문에 이러한 단체들의 요구가 과격해질 수밖에 없는 거고. 그런데 가까운 시일 안에 승리를 장담하기 어려워 보이는 전투라고 해서 시간이 흐르도록 아무 일도 벌이지 않으면, 싸워보기도 전에 패배한 전투가 되어버리고 말테지.

할아버지, 아직도 제 질문에 답을 하지 않으셨어요. 앞으로 무슨 일이 일어날 거냐고 질문했잖아요.

조라야, 우리는 앞으로 무슨 일이 어떻게 벌어질지 알 수 없어. 여성들을 대상으로 자행되는 성추행이나 성폭력에 전쟁을 선포한 여성들의 투쟁이 진행되어 가는 양상을 보렴. 할리우드

영화계의 강력한 성 포식자 1명에 대한 고발이, 언젠가 비슷한 상황의 희생자가 되는 아픔을 겪은 모든 여성들이 들불처럼 일어나서 함께 항거하는 계기가 되었지. 사소해 보이던 균열이 갑자기 커지더니 결국 벽을 무너뜨린 거야.

인간은 말이다, 자기가 원하지 않는 건 확실하게 알아. 이 할아버지는 5초마다 10세 미만 어린이 1명이 배가 고파서 혹은 배고플 때 제대로 먹지 못해서 걸린 병 때문에 죽어가는 곳에서는 살고 싶지 않아. 게다가 우리 별 지구는, 식량의 분배만 공정하게 이루어진다면 현재 인구의 2배 정도도 아무 문제 없이 먹여 살릴 수 있는데 말이야. 재산의 살인적인 불평등, 가난한 사람들을 상대로 벌이는 부자들의 영구적인 전쟁에 나는 화가 나서 눈이 뒤집힐 지경이지. 나는 반계몽주의, 신자유주의 이데올로기, 시장의 힘을 자연적인 것으로 받아들이기, 소비자들에 대한 조종 행위 등을 인간의 이성에 대한 모욕이라고 받아들인단다. 환경 파괴, 천연자원의 과도한 개발, 서서히 진행되는 지구의 죽음 등은 한마디로 잔학함의 끝이지.

늘 놀라움을 안겨주는 프란체스코 교황의 말을 되새겨보렴. "축출되는 순간, 자신이 살고 있는 사회에 속한다는 소속감은 그 뿌리부터 흔들리게 된다. 축출된 자는 더 이상 외곽의 하층부에 위치하는 것이 아니라 외곽의 바깥쪽에서 서성거리게 된

다…. 축출된 자들은 착취마저 당하지 못하고, 그저 쓰레기로
전락한다."

이 말대로라면, 현재 지구에 거주하는 인류 가운데 10억 명
이상이 '쓰레기'라는 뜻이 되지. 이런 사회라면 나는 당연히 원
하지 않아. 난 그것만큼은 아주 확실하게 알고 있어.

좋아요. 할아버지 말씀대로 우리는 우리가 원하지 않는
건 잘 알아요. 그런데 싸우려면 자본주의를 무엇으로 대
체해야 한다는 것쯤은 미리 알고 있어야 하지 않을까요?
그리고 어떻게 해야 그게 가능해지는지 그 방법도 알고 있
어야 하고요.

정해진 프로그램 같은 건 없어. 다만 다양한 여러 전선에서
조금씩 발아가 이루어지는 거지. 또, 과거의 역사가 주는 교훈
도 있고. 20세기에 공산주의를 통해서 자본주의를 극복하려는
시도가 있었지만 성공하지 못했어. 약간의 성과는 얻었지. 인류
의 해방에 우호적인 분위기를 마련했으니까. 하지만 이러한 시
도는 곧 역부족임이 드러났고, 그렇기 때문에 격렬하게 공격받
았어. 자본주의가 승리한 거지. 오늘날 중국을 보렴. 중국 정부

는 자신들이 공산주의 정부라면서도 자본주의 시장을 토대로 경제를 꾸려가잖니. 미래를 구상하기 위해서는 투쟁에 참가하는 전사 각각이 자기 안에 확신을 가지고 있을 필요도 있어. 그걸 다른 말로는 가치관이라고 하지.

1789년 7월 14일 파리에서 무슨 일이 일어났는지 기억해보렴. 생탕투안Saint-Antoine 과 생마르탱Saint-Martin 지역에 거주하는 노동자들과 수공업 장인들은 가난 때문에 불만이 많았지. 계몽주의 사상은 18세기 내내 자라나고 있었고, 방방곡곡으로 퍼져나가는 중이었어. 왕의 절대권력, 성직자들의 반계몽주의에 반기를 들고, 지식과 과학을 융성하고, 이성을 옹호하며, 자유를 확대하고, 인간의 평등을 주장하는 분위기가 점차 확산되어 갔다는 말이야. 그날, 그러니까 7월 14일에 이들 파리의 노동자들과 수공업 장인들은 마침 가까이에 있는 거대한 요새 감옥, 자의적인 절대 권력의 상징인 그곳을 공격하기로 결정했어. 시위대는 바스티유를 향해 행진했지. 삽과 곡괭이, 소형 권총, 단도 등으로 어설프게 무장한 채 전진한 거야. 바스티유 감옥, 폭 10미터의 깊은 도랑엔 물이 흐르고, 벽도 두터워 난공불락이라고 소문난 그 요새 감옥을 향해서….

시위대가 도착하는 것을 본 베르나르 르네 드 로네Bernard-René Jourdan de Launay 총독은 도개교를 올리고 살문을 내리고 성문을 걸어 잠그라고 명령했지. 같은 날, 이들 시위대보다 조금 늦게 부르주아들로 구성된 2개 분대가 대포 8문을 끌고 들이닥쳤어. 이렇게 되자 드 로네는 협상을 시도하고자 도개교를 다시 내리도록 했고, 시위대는 요새 감옥 안으로 들어가 총독을 살해하고 갇혀 있던 죄수들을 풀어줬지.

만일 그 7월 14일 저녁에, 요즘의 기자가 나서서 시위대원 가운데 1명을 택해서 이런 질문을 했다면 어떻게 되었을까? "당신은 시민으로서 방금 바스티유 감옥을 접수했습니다. 이제 어떻게 계속할지, 왕정과 봉건 제도를 타파하기 위해 어떤 방식의 행동을 취할지 설명을 좀 해주시죠!" 그랬다면 기자의 그 질문은 확실하고 명쾌한 대답을 얻지 못했을 게 분명해. 그 시위대원으로서는 제1공화국의 헌법 조문을 미리 생각해두었다가 그 자리에서 답한다는 것이 불가능했을 테니까. 너도 배웠겠지만, 제1공화국 헌법은 그로부터 4년 후에 선포되었으니 말이야.

프랑스 대혁명은 세계 역사를 뒤엎었지. 봉건제도를 무너뜨렸고, 지구에 살던 수억 명의 인간들을 해방시켰어. 그 혁명이 계획한 프로그램, 만들고자 의도한 제도, 전략은 뭐였을까? 그건 인간 속에 깃들어 있던 자유가 전혀 예상치 못한 방식으로 해방을 맞으면서 태어나게 된 거야.

그러니까 할아버지는 자본주의를 대체하게 될 사회경제 체제에 대해서는 전혀 알지 못한다, 이런 말씀이세요?

전혀 모른단다. 적어도 확실한 것은 몰라. 하지만 그렇다고 해서 너의 세대가 자본주의를 무너뜨리기를 희망할 수 없는 건 아니야. 그리고 그런 전망을 하는 내 마음속엔 하나의 확신이 있지. 개개인의 행동이 중요하다는 믿음 말이다. 나의 소망은 시인 파블로 네루다 Pablo Neruda 가 말한 확신을 자양분으로 삼는단다. "꽃들을 모조리 잘라버릴 수는 있지만, 그런다고 한들 절대 봄의 주인이 될 수는 없다."

감사의 말

이 책에 대한 아이디어는 어린 자녀를 둔 부모들에게서 얻었
다. 쇠이유 출판사의 올리비에 베투르네 회장은 즉시 이 아이디
어를 받아들였고, 작업하는 내내 우정과 풍부한 지식으로 나와
함께 해주었으며, 정확한 비판 정신으로 원고를 읽어주었다.

에리카 도이버 지글러Erica Deuber Ziegler는 나의 소중한 협업자
로, 이 책에 역사학자로서의 시선과 가차 없는 비판을 더해주었
다. 도미니크 지글러Dominique Ziegler는 초고를 읽고 몇몇 불충분
한 점을 지적해주었다. 매우 중요한 지적이었다.

소피 살랭Sophie Sallin은 부지런하고 정확한 손과 눈으로 원고를
조판해주었다. 세실 비드코크Cécile Videcoq는 놀라운 능력으로 편
집 작업을 책임졌으며, 매번 우정 어린 충고를 아끼지 않았다.

카롤린 구트만Caroline Gutman, 카트린 카믈로Catherine Camelot, 세
바스티안 리처Sebastian Ritscher는 변함없는 지지와 우정을 보여주
었다. 마리-피에르 르포쇠르-프뤼동Marie-Pierre Le Faucheur-Prudon은
통찰력 있는 눈으로 초고를 읽어주었으며, 프랑수아-자비에 들
라뤼François-Xavier Delarue는 멋진 표지를 만들어주었다. 그리고 마
지막으로, 뛰어난 그래픽 디자이너인 올리비에 발레Olivier Balez는
이 책의 표지를 위해 책 내용마저 확장해줄 수 있는 상징적인
일러스트레이션을 제안해주었다.

이 모든 분들에게 깊은 감사의 말을 전한다.

자본주의란 무엇인가? '자본주의'라는 말은 너무도 자명해서 누구나 다 알고 있다. 아니, 그렇지 않다. 다 아는 것 같지만 실체가 모호하기 때문에 그에 대한 논의는 여전히 현재진행형이다. 일단 인터넷 검색 결과를 놓고 본다면 후자의 판정승을 인정하지 않을 수 없다. 자본주의에 관해서라면 책도 여러 권 나와 있고, 거기에 대한 갑론을박 역시 그에 못지않게 대량으로 쏟아지고 있으니 말이다.

자본주의의 정의에서 시작해서 자본주의의 역사를 거쳐 자본주의의 문제점은 무엇이고 반대말은 무엇이냐에 이르기까지…. 거기에 더해서 산업 자본주의, 소비 자본주의, 복지 자본주의, 국가 독점 자본주의, 천민 자본주의(금융 자본주의의 뒤를

잇는다는 데이터 자본주의도 있다) 등 각양각색의 수식어를 동반한 다채로운 자본주의의 양상을 살피다 보면 현기증마저 느껴진 다. 설왕설래가 이토록 분분하다는 건, 그만큼 자본주의가 일목 요연하게 정리되기엔 너무도 광범위하면서 인류의 역사만큼이 나 오랜 세월의 흔적까지 켜켜이 쌓인 개념이기 때문일 것이다. 하물며 자본주의의 미래에 대한 출구 없는 논쟁은 두말할 필요 도 없다. 이다지도 복잡한 자본주의를, 우리는 어린 손자 손녀 들에게 어떻게 설명해주어야 할까?

우리에게 《왜 세계의 절반은 굶주리는가?》라는 베스트셀러의 저자로 널리 알려진 장 지글러가 이 어려운 과제에 도전했다. 위 책은 프랑스에서 할아버지, 할머니, 엄마, 아빠가 손자, 손녀, 아 들, 딸에게 꼭 알아야 할 중요한 사실들, 예를 들어 기아의 실태 같은 것을 설명해주는 기획 출판물 시리즈의 한 권으로 출판되 어 세계적으로 큰 주목을 받은 바 있다. 이번에 《왜 세계의 가난 은 사라지지 않는가》가 나온 후 진행된 한 언론과의 인터뷰(이 책의 부록 참조)에서 장 지글러가 꼬집어 말했듯이, 모호한 것은 절대로 그냥 넘기지 못하는 손녀가 슬기로운 질문으로 할아버 지를 인도하는 덕분에 10대 소녀에게 자본주의를 소개해야 한 다는 어려운 과제는 물 흐르듯 자연스럽게 진행된다.

이 책의 목적은 우격다짐 식으로 많은 지식을 머릿속에 채워

넣는 것이 아니다. 저자는 공동체의 일원으로서 자본주의라는 냉정하고 이성적이어야 하는 개념을 바라보면서 느끼게 되는, 아니 느껴야 마땅한 불편함과 부당함, 분노, 좌절 등의 여러 가지 감정을 굳이 억제하려 하지 않는다. 아마도 원서 출판 당시 책 제목 옆에 부제로 '손녀가 자본주의의 종말을 보게 되기를 기대하며'라고 적어놓은 것도 같은 맥락에서가 아닐까.

자본주의는 뛰어나게 창조적이고 역동적이라는 장점에도 불구하고, 태생적으로 지닌 단순하지 않은 문제점들 때문에 개혁이 불가능하고 오직 무너뜨릴 수밖에 없으며, 그 폐허 위에서야 비로소 새로운 것을 쌓아갈 수 있다는 그의 논리 아닌 논리는 우리의 머리를 명쾌하게 한다기보다 오히려 가슴을 뛰게 만든다. 그 새로운 것이 무엇인지는 알 수 없으나 이미 지구 곳곳에서 다양한 움직임이 감지되고 있다니, 이 또한 벼락처럼 심장 한가운데를 먹먹하게 마비시키지 않는가.

한 해를 마무리하면서 지구촌 곳곳이 어수선하다. 장 지글러가 그 영향력이 예전만 못하다고 안타까워하는 노동조합이 국내의 여론조사에서는 나라를 움직이는 실질적인 주인이라는 의견이 다수 나왔다고 한다. 누구 말이 맞는 건지는 알 수 없다. 또한 나라 밖에서는 프랑스의 '노란 조끼' 시위가 유럽의 이웃 나라들로 번지면서, 자본주의에 대한 불신이 시민 봉기라는 행동으로 표출되어 나온 것이라는 해설이 설득력을 얻고 있다고 하지만 대안이 뭔지는 불분명하다. 낡은 것이 가고 새것이 오려면 으레 따르기 마련이라는 혼란이, 이렇듯 벌써 우리 앞에 성큼 다가와 있지 않나 싶다.

2018년 세밑
양영란

〈라 부아 뒤 노르〉와의
인터뷰

유엔 내부에서 전 세계의 기아를 상대로 벌인 투쟁 덕분에, 장 지글러는 지구상에서 극단적인 신자유주의 모델에 대항하는 목소리들 가운데 우리가 가장 귀담아 듣게 되는 주인공이 되었다. 그가 보기에는 이 극단적인 신자유주의 경제 모델이야말로 세계의 불평등을 심화하는 주범이다.

선생님의 신간이 벌써 큰 성공을 거두고 있습니다. 이것이 무엇 때문이라고 생각하십니까?

아마도 내가 그 책을 흔해 빠진 사회경제 분석서가 아니라, 내 손녀 조라에게 들려주는 이야기로 썼기 때문이 아닐까 생각합니다. 어린아이들은 절대 혼란스럽고 모호한 대답에 만족하는 법이 없습니다. 그래서 나도 금융 자본을 독점하여 이 지구 상의 독재자로 군림하는 소수 집단이 강제하는 식인적인 질서를 설명할 때 최대한 명확하게 쓰려고 노력했습니다. 소수 집단의 지배란, 한 줌도 안 되는 거대 다국적 기업이나 엄청난 권력을 움켜쥔 몇몇 금융기관들이 심지어 가장 강력한 국가들에게까지 그들만의 법을 강요하는 현실을 말합니다. 이 소수 집단이 구사하는 부의 독점과 이익의 극대화로, 이들은 인류 역사상 그 어느 왕도 교황도 누려보지 못한 엄청난 권력을 행사하고 있습니다. 정말 무서운 일이죠.

어쩌다 이 지경이 된 걸까요?

물론, 모든 건 19세기 자본주의 체제가 탄생한 데에서 비롯되죠. 자본주의 체제가 정착시킨 생산 방식은 가장 활기차고, 가장 독창적이며, 가장 창의적이면서도 가장 경제적으로 경쟁력이 있습니다. 1883년 3월 14일 런던에서 숨을 거두던 그 순간까지도 카를 마르크스는 객관적인 결핍(사용 가능한 자원과 충족시켜야 할 수요 사이의 차이)이 앞으로 여러 세기 동안 인류를 옥죄게 될 것이라고 확신했습니다. 완전히 착오였죠! 그의 예상과는 반대로 자본주의는 단기간 내에 풍요를 창조했고, 따라서 객관적인 결핍이 사라지도록 했습니다. 산업혁명과 기술 발전 덕분이었죠. 하지만 여기서 잠깐 주의해야 합니다. 그 똑같은 자본주의가, 그토록 뛰어난 창조성의 결과로, 몇몇 사람만을 위한 부의 극단적인 독점화를 야기했다는 사실을 놓쳐서는 안 되니까요.

자본주의는 지구상의 모든 병폐의 근원이다, 이렇게 말하면 어쩐지 너무 단순하지 않나요?

사람들은 전 세계적으로 빈곤이 줄어들고 있으며, 중산층이 점점 더 많아지고 있다고들 합니다. 그런데 이 세상엔 아직도 정기적으로 식수를 조달받지 못하는 사람들이 20억 명이나 됩니다. 4분마다 1명이 비타민A 결핍으로 시력을 잃습니다. 지난 시대의 전염병들이 해마다 수천만 명의 목숨을 앗아갑니다. 세계은행에 따르면, 세계에서 제일 부자인 45명의 수입은 작년 한 해 동안 41퍼센트 증가한 반면, 같은 기간 동안 47억 명의 수입은 28퍼센트 감소했습니다. 그러니 이들 사이에서는 벌써 제3차 세계대전이 시작된 셈이죠. 내가 고발하는 자본주의는 전 세계에서 5초 만에 1명씩 어린 생명이 죽어나가게 만드는 치명적인 스캔들과도 같습니다. 이건 반인류 범죄에 해당됩니다. 자본주의가 인간에게 치명적인 위험인 것은 명백해요. 2017년 10월, 세계 보건기구는 아주 중요하고도 반박의 여지가 없는 연구 보고서를 펴냈습니다. 부자 나라에서 발생하는 암의 62퍼센트가 악화된 환경과 산업적으로 제조된 식료품 섭취 때문이라는 겁니다.

그런데 자본주의는 본래, 현재까지 지속되도록 만들어진 것이 아니지 않습니까?

그게 바로 자본주의가 거둔 놀라운 성공이죠. 사람들에게 다른 선택지란 없다. 시장의 힘은 계급투쟁이 아닌 자연법칙에 복종하기 때문이다. 그렇게 믿도록 하니까요. 인간은 이렇듯 스스로 자신이 뭔가를 바꾸는 데 무력하다고 믿습니다. 내가 2000년에 베를린에 있는 독일 의회 건물인 라이히스탁의 살롱에 있었을 때였습니다. 좌파 총리인 게르하르트 슈뢰더는 독일 산업지대인 루르 지역의 공장들이 대거 중국으로 이전하는 데 반대하는 격렬한 파업으로 궁지에 빠져 있었죠. 나는 그에게 어째서 의회에서 절대 다수 의석을 확보하고 있으면서도 공장 이전을 금지하지 않느냐고 물었습니다. 그는 시장의 힘에 섣불리 개입하는 건 매우 위험한 처사라고 대답하더군요. 오늘날 독일 수상 앙겔라 메르켈과 프랑스 대통령 에마뉘엘 마크롱은 모두 매일 아침 금융 시장의 동향부터 살핍니다. 자기들에게 어느 정도의 재량권이 있는지 가늠하기 위해서죠. 어이없게도 말입니다. 또, 트럼프 대통령은 어떻습니까? 그는 소수 금융 지배자들의 하인이 아니던가요? 가령 오바마 대통령은 콜탄의 판매를 법으로 금지했었죠. 아시다시피 콜탄은 콩고에서 어린 아이들에 의해 도저히 용납할 수 없는 위험한 환경에서 채굴되는 광석입니다. 그런데 트럼프가 대통령이 되자 광산업계가 아우성을 쳤고, 그는 시장의 자유라는 이름으로 이들의 손을 들어주었습니다. 과테말라에서는 전체 땅 소유주의 2퍼센트가 채 안 되는 사람들이 경작 가능한 땅의 67퍼센트를 소유하고 있습니다. 그런데 2015년 한 해에 10살 미만 어린이 11만 2,000명이 배를 곯다 목숨을 잃었습니다. 해결책은 땅이 생산해내는 농산물들을 보다 효율적으로 분배할 수 있는 방향으로의 농업 개혁입니다. 이 의견에 대해 미국 대사가 유엔에서 격하게 개입하여 반대하더니, 결국 현재 아무것도 바뀌지 않고 그대로입니다.

그렇다면 더 나은 사회 정의 실현을 위해, 힘없는 일개 시민은 무엇을 할 수 있을까요?

이건 어디까지나 개인의 믿음이지만, 나는 나 한 사람의 삶이 의미를 갖는다고 확신합니다. 우리는 진정한 혁명의 전야를 맞이하고 있으며, 나는 의식의 봉기를 믿습니다. 이 세계는 어떻게 될까요? 그건 나도 모릅니다. 새로운 사회는 완전히 미지의 영역이죠. 1789년에 바스티유 감옥을 탈환한 시위대는 그들이 봉건 시대에 종말을 고하고 공화국의 탄생을 알리는 주역이 되리라고는 생각하지 않았습니다. 노예 제도의 폐지만 해도, 당시엔 아무도, 거의 아무도 그런 것이 감히 현실이 되리라고는 상상하지 못했죠. 식민주의나 여성 해방도 마찬가지고요….

선생님은 다국적 기업 총수들이 거대한 권력을 지니고 있다고 말합니다. 선생님의 그런 말에 그들은 뭐라고 답하던가요?

나는 그들 가운데 특히 스위스 출신의 전 네슬레 회장, 페터 브라베크 레트마테를 아주 잘 압니다. 네슬레는 잘 알려진 대로 세계 제1의 농식품 기업이고요. 그 자는 내 말을 경청하지만, 빈곤이 끈질기게 지속되는 건 시장의 힘이 아직도 완전히 해방되지 않았기 때문이라고 주장합니다. 그의 동료들도 모두 함께 공유하는 그의 이상향은 국가 없는 세계 거버넌스, 다시 말해서 모든 것이 민영화된 세계죠.

마크롱 대통령은 제일 부유한 자들의 재산이 결국 사회의 최하층까지도 흘러가서 결국 사회 전체가 혜택을 보게 된다는 낙수 효과를 믿는 것 같은데, 선생님은 어떻게 생각하십니까?

그 같은 황금비 이론이라면, 나도 소수 금융지배자들의 입을 통해서 귀가 따갑도록 듣고 있습니다. 그런데 부의 자동적인 재분배라니, 어리석기 짝이 없죠. 왜냐하면 우리 시대 자본주의는 돈의 사용 가치와는 전혀 무관하기 때문입니다. 경제학자 애덤 스미스가 부의 사용 방식에 대해 가졌던 개념하고는 아무런 상관이 없다는 말입니다. 자본주의의 성격이 바뀌고 있고, 따라서 낙수 효과 따위는 일어나지 않을 겁니다. 왜냐고요? 자본주의는 이제 무제한적인 권력을 획득하려는 수단이 되어버렸으니까요. 억만장자인 베르나르 아르노Bernard Arnault와 뱅상 볼로레 Vincent Bollore (아르노는 LVMH 그룹 회장이며, 볼로레는 볼로레 그룹 창업자이다—옮긴이)는 언제나 더 많은 것을 갖고 싶어 할 테죠. 자본주의는 진정한 의미로 병적인 상태가 되었고, 탐욕은 강박관념이 되어 점점 더 세를 불려가고 있습니다.

금융 자본주의는 정말 피할 수 없는 걸까요?

우리로서는 그걸 개혁하고 규제할 수 없을 겁니다. 이미 모든 시도가 세계 도처에서 전부 실패로 돌아갔으니까요. 그러니 자본주의를, 그처럼 많은 문제를 만들어내는 자본주의를 무찔러야 합니다. 극우 정당들은 그 많은 문제들을 외국인, 이민자, 그 외 상상 가능한 모든 적들 탓이라고 선동하면서 프랑스, 이탈리아, 독일 등지에서 세력을 확장해 나가고 있습니다. 기후 위기, 그로 인해 새로운 생태학적 의식이 깨어나는 현상은 분명 이 극단적인 금융 자본주의를 파괴할 수 있는 새로운 역사적 기회입니다. 비록 우리가 아직은 우리 앞에 펼쳐질 세상을 제대로 상상할 수 없다 하더라도 말입니다. 그리고 그게 바로 내가 손녀 조라에게 들려주고 싶은 이야기였습니다.

전 스위스 사회당 국회의원이었던 장 지글러는 제네바에 거주하고 있다. 그는 제네바를 대표하는 국회의원으로 일하던 시절 스위스의 조세 천국 행태에 맞서 싸움으로써 이름을 널리 알렸다. 그는 그 후 최초의 유엔 식량특별조사관에 임명되었다. 현재는 유엔 인권이사회의 자문위원회 부의장직을 맡고 있는데, 인권이사회는 유엔의 초석이 되는 3개 기구인 유엔 총회, 유엔 안

전보장이사회, 유엔 경제사회이사회 중 총회의 보조기구이다. 《왜 세계의 절반은 굶주리는가?》,《굶주리는 세계, 어떻게 구할 것인가》,《탐욕의 시대》를 비롯하여 전 세계의 기아 문제를 다룬 그의 책들은 세계적인 베스트셀러이다.

2018년 7월 14일, 〈라 부아 뒤 노르〉에 실린 인터뷰
"장 지글러: 자본주의를 무너뜨려야 한다Jean Ziegler: Il faut abattre le capitalisme"

왜 세계의 가난은 사라지지 않는가

초판 1쇄 인쇄일 2019년 1월 18일
초판 10쇄 발행일 2023년 10월 10일

지은이 장 지글러
옮긴이 양영란

발행인 윤호권
사업총괄 정유한

편집 최안나 **디자인** 박지은 **마케팅** 윤아림
발행처 ㈜시공사 **주소** 서울시 성동구 상원1길 22, 7-8층(우편번호 04779)
대표전화 02-3486-6877 **팩스(주문)** 02-585-1755
홈페이지 www.sigongsa.com / www.sigongjunior.com

글 ⓒ 장 지글러, 2019

ISBN 978-89-527-9549-6 03330

*시공사는 시공간을 넘는 무한한 콘텐츠 세상을 만듭니다.
*시공사는 더 나은 내일을 함께 만들 여러분의 소중한 의견을 기다립니다.
*잘못 만들어진 책은 구입하신 곳에서 바꾸어 드립니다.

WEPUB 원스톱 출판 투고 플랫폼 '위펍' _wepub.kr
위펍은 다양한 콘텐츠 발굴과 확장의 기회를 높여주는
시공사의 출판IP 투고·매칭 플랫폼입니다.